Toutoute

une enquête mordante de **Mylène Bertaux** su

La nouvelle place des chiens dans nos vies

GÉNÉRATION DOG PARENTS

fayard

À Toutoute
et son *dog dad*.

PROLOGUE

Comment mon chien a changé ma vie

(ET VA PROBABLEMENT CHANGER LA VÔTRE*)

Festival de Cannes, mai 2023. Alors qu'Eva Longoria, vêtue d'une robe courte à paillettes, se laisse attraper par les flashs des paparazzis, je suis là, moi aussi, sur le tapis rouge à Cannes. Je ne suis ni actrice – bien que ça se discute – ni star –, sauf pour les 7000 *followers* de mon compte Insta. Non, moi je suis *dog mum*. Et mon chien s'appelle Toutoute. Elle est belle, pouf ! Elle est née comme ça. Elle a chamboulé ma vie et m'a menée, sans le savoir, du caniparc des Batignolles à Paris au sommet des marches. Car j'ai été invitée à la remise des Palm Dog, prix de la meilleure interprétation décerné aux chiens comédiens, par le sponsor de l'événement Dogamí. Cette boîte de jeux vidéo, à l'origine d'un univers en ligne peuplé de chiens, vend aujourd'hui des croquettes... virtuelles. Dogamí a créé un sweat en collaboration avec Gap et j'ai été choisie comme modèle éphémère pour leur campagne de pub. J'ai donc déambulé sur La Croisette, forte de mon statut d'égérie autoproclamée de chiens virtuels. Cette année-là, la Palme a été remise à Snoop (Messi de son vrai nom) le border collie, pour sa performance inoubliable dans *Anatomie d'une chute* de Justine Triet, le film qui a remporté la Palme d'or (la vraie, celle des humains).

* Si, si, Toutoute va changer votre vie.

Je ne le sais pas encore, mais l'année suivante, Messi sera de nouveau sur le tapis rouge en tant que présentateur vedette du festival, et moi en train de boucler cette enquête. Toutoute, elle, attend sagement son heure…

Du haut des marches, montées avec une robe Primark à 9 euros achetée en catastrophe pour l'événement, j'observe, en spectatrice de moi-même, le chemin parcouru en deux ans.

Mange, Prie, Adopte un Frenchie.

Je me rappelle avoir tout essayé pour être heureuse : plier mes petites culottes en mode Marie Kondo (très satisfaisant), le hatha yoga, le yoga vinyasa, le flying yoga, l'aquagym, le roller quad, la méditation, les hippies digital nomads au Costa Rica, la salsa à Cuba. Il n'y a pourtant qu'une seule chose qui ait finalement marché : cette petite boule d'amour. Même si elle est malade quasi en permanence, qu'elle a fait exploser ma charge mentale, ma santé, mon budget et mon couple. Je l'ai promenée, nourrie, éduquée, aimée, câlinée, assurée, papouillée. Je l'aime. Toutoute a changé ma vie, mon quotidien, mon cerveau et même, au côté de ses congénères hyper mignons, l'espèce humaine. Là où Julia Roberts, dans le célèbre film *Mange, Prie, Aime*, cherche son bonheur et finit par tomber amoureuse de Javier Bardem à Bali, moi j'ai plutôt bouclé « Mange, Prie, Adopte un Frenchie » !

L'histoire de Toutoute, c'est la mienne, mais c'est aussi celle de nombreux *dog parents*, vous probablement, qui aiment et chouchoutent leur chien, comme ils le feraient (le font déjà ou le feront pour beaucoup d'entre eux) avec un enfant, et qui se sont laissé surprendre par l'arrivée d'un être vivant à quatre pattes dans leur quotidien.

C'est aussi l'histoire de tous les chiens, les petits, les gros, les mignons, ceux qui ont la langue qui pend (et qui sont choupinets aussi), les chiens de race, ceux qui ne le sont pas, ceux qui vivent dans les quartiers bobos et ceux qui ont le droit de monter sur le canapé, ceux qui dorment encore à la niche, les chiens de pays riches et les chiens de pays émergents, les chiens de rue et même les chiens sauvages. Tous les chiens sans exception méritent notre amour, eux qui nous aiment sans compter. La moindre des choses aujourd'hui, c'est de nous occuper de ces bêtes que nous avons fabriquées.

Enfin, toute cette enquête est aussi une histoire d'êtres humains, *dog parents* urbanisés et encapsulés dans des logements de plus en plus petits, avec leur besoin irrépressible de nature sous forme d'animaux de compagnie et de plantes ultra transformées. Un chien, un monstera. Nous avons, sans le savoir, sculpté leur ADN comme de la pâte à modeler pour les mouler à nos besoins. Comme la nourriture que nous mangeons, ils n'ont plus rien de naturel. D'ailleurs, comme nous, ils sont obèses, stressés et ne font pas assez d'exercice. Résultat : leur espérance de vie baisse dans les pays les plus riches du monde.

Plus tout à fait animaux, pas tout à fait humains, que sont-ils exactement ? Quelle est leur juste place auprès de nous ? Quelle nouvelle forme de relation nous unit à eux ? Comment changent-ils nos vies et redéfinissent-ils notre rapport au monde ?

C'est avec ces questions en tête que j'ai écrit ce livre : j'y ai mis tout l'amour que j'avais pour mon chien, et j'espère que vous y retrouverez un peu de celui que vous portez au vôtre.

sommaire

Intro

Mon chien s'appelle Toutoute

Toutoute in Paris

Il était une fois au caniparc…

Ce matin de juillet, comme tous les matins, **Toutoute** trépigne : c'est l'heure d'aller au caniparc. **Sissi la Saucisse** (un teckel femelle), **Joséphine** la dogue allemand (qui pèse plus lourd que Toutoute et moi réunies) et **Jacques Croissant** (ses parents sont américains, et c'est le sosie mâle de Toutoute) sont déjà là. En cette période de vacances, le quartier des Batignolles est particulièrement calme. La moitié des Parisiens ont déserté la ville. L'autre moitié, ceux qui restent, pratiquent leur activité favorite : juger les gens qui passent, leur gobelet à café recyclable à la main. Coup de bol, il se trouve que ce microquartier parisien est ce qu'on fait de mieux pour s'adonner à cette activité. En partie grâce à Dose, le coffee shop de la place, où les mamans attendent leur ration de caféine – « lait de vache ou lait d'avoine ? » – à emporter.

Toutoute slalome entre les poussettes Yoyo et les trottinettes électriques pour aller jouer sur ce petit bout de terrain coincé entre les rails de la gare Saint-Lazare et le square des Batignolles. Équipé d'une grille à loquet pour contenir tout départ intempestif et d'une fontaine à eau au ras du sol, ce terrain caillouteux, avec néanmoins quelques arbres, est ouvert de 8 heures à 21 h 30 l'été. Un peu moins l'hiver. Cet espace dédié aux chiens fait partie de la poignée de caniparcs de Paris où les toutous peuvent jouer et courir sans laisse, sous la surveillance de leurs humains. Pour ces derniers, c'est ce qui se rapproche le plus d'un paradis canin (les lectrices et les lecteurs qui ont un jardin, vivent à la campagne ou à côté d'une forêt sont priés de faire preuve de compassion pour les « *dog parents* » des villes).

CE QUI FAIT MA PLUS GRANDE FIERTÉ, « C'EST MA FIFILLE CHIEN. »

On y croise du beau monde, un champion de BMX et acteur français, une starlette de la télé qui sirote son thé chaï, quelques dirigeants de la finance (preuve que les chiens aiment vraiment tout le monde) et des intellectuels, eux-mêmes surpris d'avoir migré du Quartier latin vers la rive droite pour que Médor puisse se dégourdir les papattes. Ici, anonymes et people sont logés à la même enseigne, car les vraies célébrités, ce sont les chiens. Sans me vanter, à 4 mois tout juste, Toutoute est un peu la star du caniparc. Voire de Paris. Voire du monde. Quelque 3,5 kilos de pure beauté avec de magnifiques reflets indigo à la lumière du soleil. Ses beaux yeux bleus encadrent sa bouille à la fois plissée mais élastique, comme un marshmallow fondu devant une cheminée un soir d'automne. Une consistance que j'ai scientifiquement appelée « pouic pouic ». Ses petites pattes maladroites soutiennent un équilibre précaire, malmené par ses oreilles géantes en contrepoids qui menacent à tout moment de la faire basculer. Ce qui arrive parfois. Et c'est trop *mignon*. Sa démarche pataude attendrit tous les propriétaires de chiens, et même les autres. On l'arrête continuellement dans la rue pour la caresser ou la prendre en photo. Ce qui fait ma plus grande fierté. « C'est ma fifille chien », je réponds à tous ceux qui la trouvent belle, et même aux autres. Seules les personnes qui manquent de goût ou n'ont pas de cœur restent insensibles au charme sûr de Toutoute. Mais qu'importe, car nous autres, les propriétaires de chiens, savons reconnaître la beauté là où elle réside : dans les yeux et dans le cœur de nos animaux adorés (et pas dans les oreilles, sinon le bilan de Toutoute serait plus mitigé).

Depuis quelques années, c'est le défilé de chiens-bijoux aux Batignolles, mais aussi au canal Saint-Martin où nous avons déménagé depuis avec son *dog dad Jlo* (Jean-Laurent, pas Jude ni Jennifer Lopez). Un « chien-bijou » ? Oui, c'est ainsi que j'ai baptisé ces petits chiens de race qui ont envahi les centres urbains. Chihuahua, spitz nain, spitz tout court, teckel à poil long ou court… Vous voyez ? Si, si, vous voyez très bien. Car si vous tenez cet ouvrage entre vos mains, il est très probable que vous soyez vous-même propriétaire d'un chien de ce type ou que l'ami qui vous a offert ce bouquin considère que vous êtes propriétaire de l'un de ces spécimens. *Spoiler* : il ou elle a probablement raison.

faites le test

Quel *dog parent* êtes-vous ?

❶ « Règle numéro un : C'est in-ter-dit de monter sur le lit... » Vous avez tenu deux jours.
□✓ □×

❷ « Mon bébé, mon fils, ma fifille chien, mon namour de ma vie, ma pupuce... » Vous lui parlez comme à un bébé humain.
□✓ □×

❸ Vous lui avez acheté un petit escalier pour monter sur le lit « parce que, tu comprends, il/elle a des problèmes de hanches ».
□✓ □×

❹ C'est son anniversaire, vous lui avez commandé un gâteau avec du *topping* sardine, une piñata pour chien, une petite banderole, et vous avez invité ses meilleurs amis du caniparc (sauf Ben le husky parce que c'est vraiment un gros relou).
□✓ □×

❺ « Ne monte pas sur le canapé, ne monte pas sur le canapé, ne... Bon d'accord. »
□✓ □×

❻ Il/elle mange des recettes cuisinées à base d'aliments frais, fabriquées par une marque de *petfood* hyper tendance avec un logo hipster, et livrées par Chronofresh...
□✓ □×

❼ Toutou-te a un pull/bandana/collier de Noël.
□✓ □×

❽ Vous n'aimez pas quand on mégenre votre chien : « Non, Pépette est une fille. »
□✓ □×

❾ Sur Insta, TikTok et YouTube, il/elle a plus de *followers* que vous.
□✓ □×

❿ Vous portez régulièrement votre tee-shirt « *dog mum* » ou « *dog dad* » (et la casquette assortie).
□✓ □×

⓫ Vous avez offert trois fois *Son odeur après la pluie* de Cédric Sapin-Defour et deux fois *Pourquoi j'ai choisi d'avoir un chien (et pas un enfant)* d'Hélène Gateau.
□✓ □×

⓬ Vous vous êtes tatoué son nom sur l'avant-bras.
□✓ □×

⓭ Vous avez dû racheter un portable parce que vous aviez trop de photos de votre chien.
□✓ □×

⓮ *Dater* ? Mais pour quoi faire quand on peut rester à la maison avec son chien ?
□✓ □×

⓯ Juré, vous n'en prendrez pas un deuxième... pour l'instant.
□✓ □×

Résultats

1 réponse positive Vous jouez le détachement vis-à-vis de votre animal, mais au fond de vous-même, vous savez que c'est foutu : vous êtes un *dog parent* !

De 2 à 5 réponses positives Vos amis le savent déjà : vous avez résisté pour la forme, mais vous êtes plus *dog parent* que propriétaire, maître ou maîtresse de votre chien.

De 6 à 10 réponses positives Vous considérez Pépète comme votre enfant. Vous vous êtes acheté une marinière de chez Saint James… et une « toutounière » assortie pour votre chien. Bref, vous êtes un *dog parent* gâteau.

Plus de 10 réponses positives ? *Dog parent* poule : vous avez plusieurs chiens, probablement des petits (ou alors un gros mais il se prend pour un chihuahua).

Comme moi, des millions de propriétaires de chiens, qui parfois se revendiquent « *pet parents* » ou « *dog parents* », sont fous de leur enfant à quatre pattes. On les voit sur Instagram, dans les magazines, parfois sur YouTube ou Twitch. Ils vivent en France, mais aussi aux États-Unis, en Amérique du Sud, partout en Europe, en Asie et même en Afrique. Être *dog parent*, c'est donc avant tout un état d'esprit plutôt qu'un profil de maître ou de maîtresse ! Et moi, j'ai décidé de partir à leur rencontre…

Le toutour du monde

Mon enquête mordante sur les chiens

Pourquoi un toutour du monde ? Les chiens, c'est comme les enfants : une fois qu'on en a un, on en voit partout ! Mais mon intuition est-elle juste : les chiens ont-ils véritablement envahi la planète, du moins les quartiers les plus cool des plus grandes villes du monde ? Et notre attachement à l'animal a-t-il changé pour s'apparenter à un lien familial ? Existe-t-il des chiffres qui vont dans ce sens et des experts pour m'aider à y voir plus clair ?
Ni une ni deux, il fallait enquêter. Alors j'ai enfilé ma combinaison de journaliste Toutoute-terrain (j'ai donc empoigné ma valise-cabine rose à roulettes) pour réaliser un « toutour du monde ».

« Qui consiste à… ? s'inquiète mon éditrice.
– À partir dans les destinations les plus cool du monde sur quatre continents pour décoder l'influence mondiale des chiens, je réponds avec assurance.
– *Oh my God.* Bon OK, mais fais vite, le monde a besoin de savoir, dit-elle en acquiesçant.
– Oki-doki ! C'est parti mon kiki », je conclus[1], professionnelle.

Et c'est ainsi que je suis partie pour un tour du monde express des quartiers bobos les plus *dog friendly* dans quelques-uns des plus grands centres urbains.

---

[1] La vérité, c'est qu'il aura fallu près de deux ans et beaucoup de larmes et de sueur pour faire exister ce projet.

L'itinéraire

J'ai décomposé le voyage en deux parties : d'abord le continent américain avec les États-Unis et le Mexique, avant d'enchaîner avec l'Inde et la Corée du Sud. J'aurais pu multiplier les destinations, mais vous avez entendu mon éditrice : le monde voulait savoir, et vite. « Et la Journée de l'animal de compagnie, c'est le 4 octobre. C'est bien pour une sortie. » D'accord.

Alors j'ai choisi mes destinations avec précaution. À commencer par **Los Angeles**, berceau du chien stylé. Les plus célèbres, les chihuahuas de Paris Hilton, y ont d'ailleurs probablement lancé le mouvement du petit chien de sac à main, encore appelé « *toy dog* » ou « *it-dog* ».

Je suis ensuite descendue à **Mexico**, ville que je connais bien puisque j'y ai vécu dans ma vingtaine. J'y suis retournée il y a deux ans, après vingt ans d'absence, en quête de paix intérieure (que j'ai finalement trouvée au Costa Rica en faisant du yoga, c'est gentil de vous inquiéter). C'est d'ailleurs dans le quartier de la Condesa, juste au sud du Zócalo, la place principale de la capitale mexicaine, où j'ai vu tant de chiens de race – dont un lévrier afghan sacrément mieux brushingué que moi – que l'idée de cette enquête a germé.

Impossible de ne pas passer par **Chihuahua**, ville du désert mexicain d'où est originaire le petit chien éponyme. C'est aussi une ville un peu spéciale pour moi puisque j'y ai vécu trois ans (j'ai même failli m'y marier avec Federico).

Ensuite, direction **New York** où est né le mouvement du chien de hipster, notion importante de cet ouvrage puisqu'on pourrait presque superposer les calques de la création des coffee shops avec ceux de la concentration de petits chiens de race.

Pour la deuxième partie du voyage, direction **Bangalore**, la Silicon Valley indienne. Quasi inconnue en France, cette ville connaît un boom industriel incroyable et se développe à vitesse

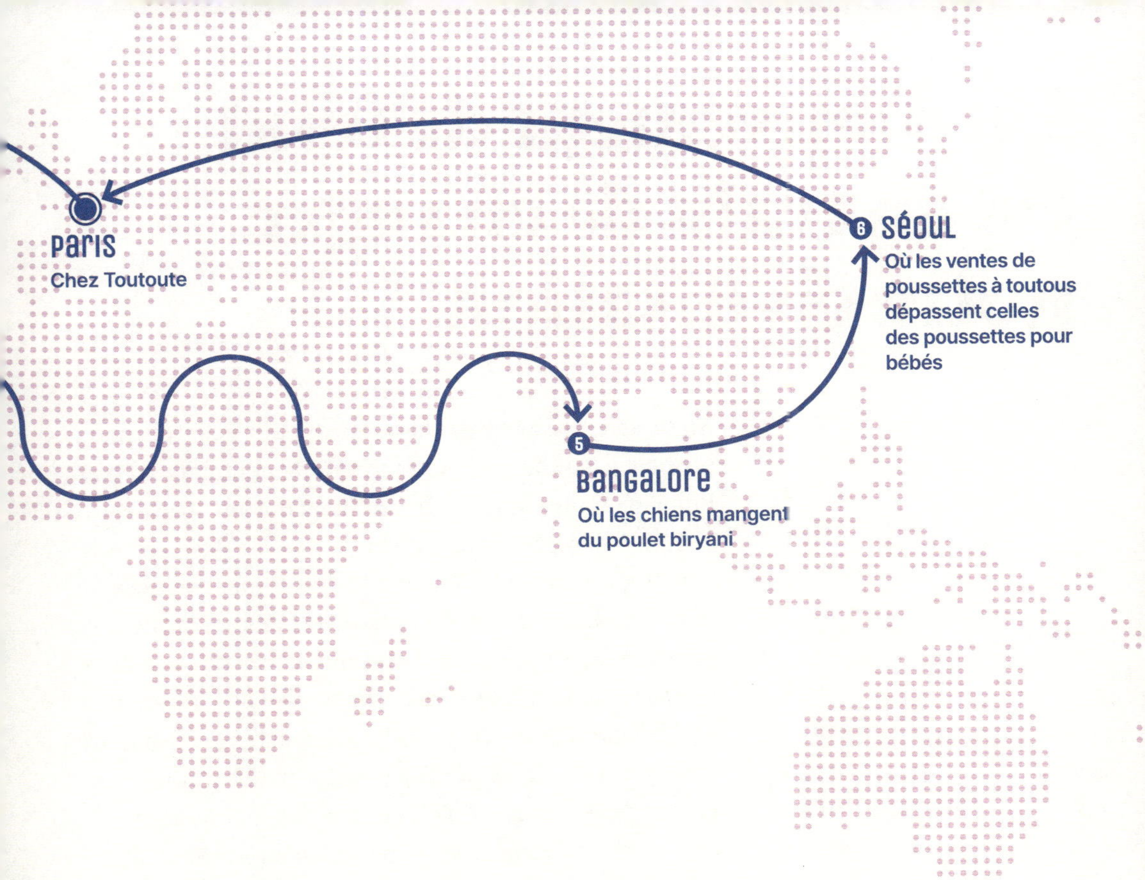

grand V. La bourgeoisie locale ainsi que l'élite internationale s'y côtoient. On y retrouve donc des maîtres soucieux du bien-être de leur propre animal, tout autant qu'inquiets pour les chiens de rues. Car, je le découvrirai tout au long de mon enquête, le mouvement urbain du petit chien se mondialise mais s'adapte aux spécificités locales.

Et *last but not least*, **Séoul**. La capitale feutrée de la Corée du Sud est réputée pour ses magasins kawaï et sa gastronomie créative. Il y a quelques semaines encore, on pouvait même y manger des chiens… en soupe avec des baguettes. Mais ça, c'était avant que les ventes de poussettes à toutous ne dépassent celles des poussettes pour bébés[2], marquant l'intégration de la Corée du Sud dans le club des sociétés adoratrices de chiens-bijoux… Une bascule de l'assiette à la poussette qui m'intéresse au plus haut point. Zou ! On est ti-part.

« Et moi ? » me fait Toutoute avec sa bouille de caprice. Plusieurs compagnies aériennes autorisent désormais le transport de chien en cabine ou en soute. Mais Toutoute, comme les humains souffrirait de jet-lag. Ce qui ne serait pas pratique, car il faudrait la sortir à 3 heures du matin. Ensuite, je n'ai aucune envie d'enfermer ma petite bête pendant plus de douze heures dans un avion, et de lui faire prendre le risque d'une détresse respiratoire avec sa physionomie de bouledogue français. Non, soyons réalistes : son « *dog dad* » gardera la bête pendant que mamounette fera le toutour du monde. Et grâce à la magie de Sébastien, le fantastique photographe du projet, nous avons mis Toutoute en scène a posteriori pour qu'elle participe tout de même, à sa manière, à cet ouvrage.

[2] "Sales of pet strollers surpass baby strollers for the first time", *Korea Times*, 27 décembre 2023.

Un mouvement de fond est en train de changer notre civilisation

Au fil de cette aventure unique, et pour éclairer mon propos, je suis allée à la rencontre de centaines d'êtres humains pour comprendre les liens qui les unissent à leurs chiens. Des « *dog mums* » et « *dog dads* », des startupeurs qui ont bien capté le potentiel business derrière cette cynophilie croissante, des scientifiques pour expliquer qui sont ces animaux très récents dans l'histoire de l'évolution, des avocats qui questionnent et défendent leurs droits, des spécialistes des caniparcs et des responsables politiques qui veulent traduire cette nouvelle place du chien dans les lois. Durant ces rencontres avec tous ces spécialistes mondiaux, j'ai remis en cause mes connaissances sur les chiens, notamment sur leurs besoins et sur leur alimentation. J'ai rencontré de nombreuses personnes qui bousculent les codes à l'ancienne des animaux de compagnie en créant des magazines, des comptes Instagram, des chaînes YouTube ou Twitch. J'ai enfin visité des lieux incroyables, comme ce club privé pour chiens appelé « Dog PPL » (à prononcer « *people* ») à Los Angeles, ou celui de Bangalore en Inde, avec sa piscine en forme d'os.

Enfin, j'ai croisé un nombre incalculable… de chiens. Ils m'ont tellement étonnée, décontenancée ou attendrie que je les ai photographiés sous toutes les coutures. Cet ouvrage, d'abord pensé comme une enquête exclusivement écrite, s'est métamorphosé en super-production éditoriale, avec une sélection de 8000 clichés.

À toutes les personnes qui seraient tentées de ricaner dans leur barbe à propos de l'objet de cette enquête, et pensent que le monde est resté bloqué dans l'époque du « chien-chien à sa mémère » : remballez vos sarcasmes ! Le chien est aujourd'hui archi branché, éduqué, sapé comme jamais et mondialisé. Et la « mémère à chien » comme le « pépère à chien » se sont métamorphosés en meuf/mec archicool, responsable et glamour, contribuant à renouveler les codes de l'indépendance, et même de la parentalité.

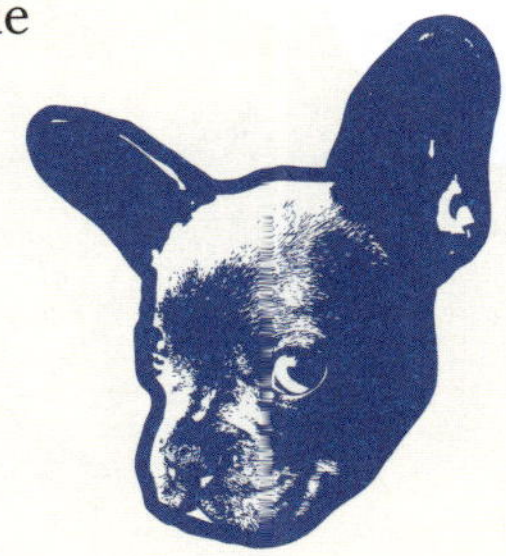

LA « MÉMÈRE À CHIEN » COMME LE « PÉPÈRE À CHIEN » SE SONT MÉTAMORPHOSÉS EN MEUF/MEC ARCHICOOL, RESPONSABLE ET GLAMOUR...

Ce livre est à la fois un guide ludique et illustré à l'usage de celles et ceux qui veulent mieux comprendre leur chien, un panorama mondial d'un mouvement en train de changer nos vies et même notre civilisation, et un objet unique pour explorer la planète des canidés depuis son canapé. Il s'adresse à toutes les personnes qui aiment les chiens, qui en possèdent un, et enfin à celles et ceux qui aimeraient avoir un chien ou qui connaissent quelqu'un qui aime les chiens. Bref : à tout le monde (et ça aussi, mon éditrice a vraiment a-do-ré).

Des chiffres INÉDITS en France

L'un des grands enjeux de cette enquête a consisté à **dénicher des chiffres sérieux pour éclairer des intuitions, ou, au contraire, pour infirmer des hypothèses.** À l'heure actuelle, il n'existe aucun fichier mondial centralisé de décompte canin. En revanche, cocorico, nous avons la chance, en France, de compter sur l'un des systèmes d'identification les plus performants au monde. Si, si, on nous l'envie dans le monde entier.

Pour la première fois dans l'histoire canine de l'Hexagone, nous avons mis en place, les data-analystes et moi, un dispositif inédit. Et il a fallu se retrousser les manches – sauf Mathieu parce qu'il préfère les chemisettes – pour vous offrir des analyses jamais vues ailleurs. Croyez-moi, il y avait du boulot avec ces dizaines de milliers (oui, oui) de lignes Excel.

PLUS DE 300 RACES DE CHIENS ANALYSÉES DEPUIS DIX ANS

Nous avons regroupé, rangé, nettoyé, peigné, analysé et illustré les données provenant de deux fichiers :

Les données issues de l'I-CAD, la base de données d'identification des carnivores domestiques, l'équivalent de l'Insee pour les chiens qui dépend du ministère de l'Agriculture. Cet organisme nous a transmis l'intégralité des données portant sur les chiens identifiés en France depuis dix ans avec le top 50 des chiens par race ou apparence raciale dans chaque département. C'est l'équivalent du « stock » total de chiens sur le territoire.

Les données de la Société centrale canine, la fédération qui centralise les inscriptions de chiots de race au LOF (le Livre des origines français), disponibles depuis les années 1970. Ces chiens représentent 35 à 40 % du « stock » total des toutous. Ce sont ces inscriptions qui donnent, chaque année, une idée des nouvelles tendances canines.

Toutoute est enregistrée à l'I-CAD. Elle a obtenu l'équivalent de son numéro de sécurité sociale pour les carnivores domestiques, comme votre chat, votre chien ou votre furet (les plantes carnivores sont exclues de ce registre). Vous connaissez probablement cet organisme puisque en France, il est obligatoire d'identifier son animal.

Toutoute est-elle LOF ?

Vous le savez peut-être, entre propriétaires, on se demande parfois « Elle/il est LOF ? » : comprenez de pure race, dans le sens où le chien répond à un ensemble de critères qui constituent le standard de la race. Toutoute, bien qu'elle mérite évidemment d'apparaître sur tous les registres des meilleurs chiens du monde, n'est pas inscrite au LOF, car sa robe est « bleue », c'est un gris souris aux beaux reflets indigo qui fonce un peu avec l'âge. Cette nuance n'est pas reconnue comme une caractéristique du bouledogue français, selon la fiche standard n° 101 qui définit sa race. Oui, les chiens de race ont leur « fiche produit ». C'est du sérieux.

1

Chiens mon~diali~sés

ou comment ILS ONT CONQUIS LE MONDE

Ils sont petits, poilus, mignons, ils ont envahi nos villes et conquis nos cœurs. Dans cette première séquence, je vous emmène faire un « toutour » du monde des chiens de hipsters, de Los Angeles à Paris.

On se penche sur quelques questions brûlantes : pourquoi les Américains aiment-ils les Frenchies et les Français adoptent-ils des bergers australiens ? Pourquoi les Allemands ont-ils des chiens allemands et les Japonais des chihuahuas mexicains et des caniches français ?

503

Los Angeles, la ville où les chiens ont leur club V.I.P.

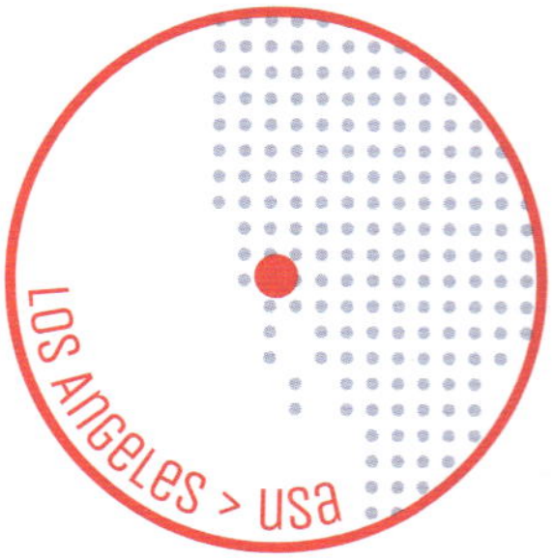

Janvier 2024. La dinde à peine digérée, je m'envole pour Los Angeles. Les chihuahuas de Paris Hilton, les chiens stars des films hollywoodiens… Dans l'imaginaire populaire, c'est bien ici qu'est né le *it-dog*, non ? « Et puis tu verras, il y en a partout », m'avait-on certifié. Ni une ni deux, je file à Beverly Hills (palalala-la palalala-la slash slash). Sur Rodeo Drive, c'est la fête du *vocal fry*, cette tendance qu'ont les Américains, et surtout les Américaines, à friser les voyelles en parlant (fort). En slalomant entre les « *amAAAzing* », je commence mon enquête chez Society Hounds, magasin de luxe pour animaux de compagnie où l'on peut acheter un collier à strass Swarovski, une voiture miniature avec écuelle intégrée ou encore un mini-lit pour chien à plusieurs milliers d'euros. Mais des chiens, j'en vois peu. Probablement parce que peu de propriétaires peuvent se permettre de tels achats.

Vacation
DOG
PPL

Je ne lâche rien et j'entame la tournée des caniparcs. Dans le quartier de Westwood, j'entre au Westwood Dog Park. Même constat : quelques toutous, mais pas non plus de quoi se damner la croquette. J'en parle à ma sœur. Sabrina a déménagé il y a trois ans dans la Cité des Anges pour un poste à responsabilités au sein du groupe Estée Lauder. Elle m'a donné le numéro d'une de ses collaboratrices « adorable » mais « qui fait une fixette ». « Ça fait des mois qu'elle me tanne pour ramener son 'iench' au bureau. Est-ce que je ramène mes enfants, moi ? Non, bon », commente-t-elle. Je rencontre donc Judy à une terrasse de café de Westwood. Originaire du New Jersey, cette jeune femme de 30 ans a adopté Blu (prononcez « blou ») le « 6 février 2022 ». « Enfin, c'est lui qui m'a choisie », rectifie-t-elle. Blu est un « aussiedoodle », mariage entre le berger australien et le caniche. Aussi appelée « aussiepoo » ou « aussiepoodle », cette race émergente fait partie des innombrables « *designer dogs* », ces chiens croisant deux races qui suscitent le débat.

« Il faut que tu ailles à Dog PPL », m'explique Judy, qui, je le confirme, est adorable. Après avoir opté pour la garderie canine de jour, ou « *daycare* », pour Blu, Judy a finalement cassé sa tirelire pour inscrire son chien au club très chic Dog PPL (prononcez « *dog people* », ou « personne à chiens » en français). Après tout, Blu est « son enfant ». « De toute façon, la garderie pour chien coûte entre 50 et 55 dollars la journée », se justifie Judy. Cet établissement pour maîtres exigeants est au chien ce que la Soho House est aux humains : un club privé où il faut payer pour faire partie des happy few. Le ticket d'entrée démarre à 120 dollars par mois ou 1200 dollars annuels pour un seul chien, et grimpe jusqu'à 170 dollars par mois ou 1700 dollars par an pour trois chiens. À ce prix, on rencontre une clientèle triée sur le volet : des créatifs, producteurs ou scénaristes en vogue, mais aussi des gens moins fortunés comme des cadres et professionnels de la communication et du marketing, à l'instar de Judy, qui n'hésitent pas à venir passer une heure avec leur chien, en matinée ou en *afterwork*. Car bien que Los Angeles soit globalement « *dog friendly* », les chiens doivent être tenus en laisse, et les caniparcs publics ont mauvaise réputation. « On ignore comment les chiens qui les fréquentent sont éduqués ou même s'ils sont vaccinés », m'explique Judy, prudente. Chez Dog PPL, le chien doit être stérilisé et vacciné contre la rage et toutes les maladies qui se transmettent entre animaux. Pour distraire et capter ce public humain et canin exigeant, le club organise des événements thématiques comme des cours de cuisine de croquettes maison, des concerts pour la Journée de la *dog mum*, des séances de cinéma en plein air et même des cours de fitness canin (comprenez du Pilates ou du yoga avec son animal). Et pour que les maîtres puissent siroter leur cappuccino ou leur verre de mimosa tranquillement, des *dog-sitters* entraînés gardent un œil sur les toutous. « C'est cool », conclut Judy. Oui, c'est cool. Je sais ce qu'il me reste à faire. Je saute dans un taxi.

Le ticket d'entrée pour ce club privé démarre à 1200 dollars par an.

En arrivant chez Dog PPL, impossible d'ignorer Adam. Longs cheveux bruns ramenés en bun (chignon hipster) au-dessus de la tête, ensemble street wear noir, grosses baskets rouges et glistch en or sur les dents, il ne passe pas inaperçu. Freelance dans le domaine de la musique, il tapote sur son ordinateur portable et sur un clavier maître, sorte de petit piano portatif, entouré de ses deux basenjis. Ce chien de la famille des primitifs a la denture en ciseau et le poil court et soyeux. Ceux d'Adam sont magnifiques. Il saisit délicatement la patounette de Paisley, sous l'œil attentif de Ziggy. « Regarde ! Ce sont les seuls chiens avec les coussinets du milieu palmés. Ce sont des nageurs hors pair », croit savoir ce maître. Avec leur bijou de cou à perles, je doute fort qu'ils soient capables de franchir une rivière en nageant le crawl, mais j'acquiesce. Rien, dans les standards officiels, n'indique cette palmure. Pourtant, c'est ce détail, en plus de leur jolie frimousse, qui a décidé le musicien américain.

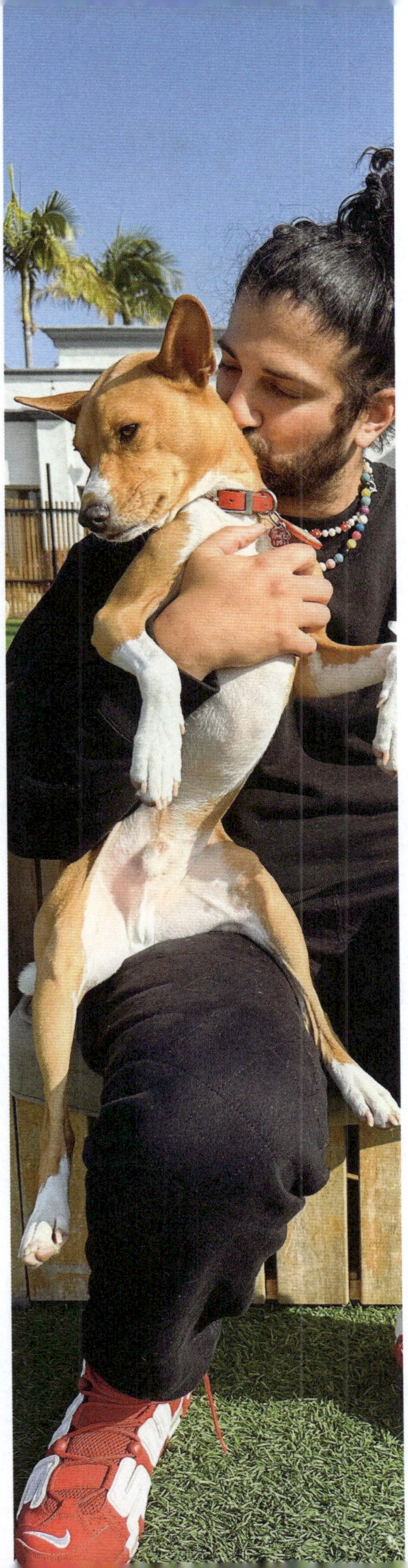

Au cours de ce toutour du monde, chaque propriétaire rencontré est convaincu d'avoir choisi son chien, et sa race en particulier, pour une très bonne raison. À ce jeu-là, chacun se croit le plus malin. Pour Adam, ce sont les coussinets de ses chiens. Pour Judy, le côté hypoallergénique de Blu (les aussiedoodles sont censés être moins agressifs pour les gens souffrant d'allergies). Prenons Toutoute. Je l'ai évidemment choisie pour sa bouille adorable. On m'avait aussi vendu une personnalité calme, facile, un vrai « chien de canapé ». C'est évidemment faux, cette connasse n'obéit à rien du tout. Et il n'existe pas de chien de canapé. Mais elle est aimante, câline et tout à fait inoffensive. Par ailleurs, ai-je déjà mentionné qu'elle était probablement la plus belle du monde ? Oui, bon, continuons. Chaque propriétaire croit avoir choisi son chien sans influence extérieure. Mais la réalité, c'est que l'endroit où l'on vit, les gens que l'on fréquente, les films que l'on regarde, les influenceuses et les influenceurs que l'on suit sur Instagram nous orientent vers des choix plus ou moins conscients.

Comment les *hypes* de chiens traversent les frontières

(sauf chez les Allemands)

Pourquoi Adam l'Angeleno possède-t-il deux basenjis, race pourtant originaire du Congo ? Pourquoi j'ai vu des labradors (originaires de Grande-Bretagne) à Bangalore, en Inde, des caniches toy, typiquement français, à Séoul, en Corée du Sud ? Parce que, comme les humains, nos animaux se sont mondialisés. Et Toutoute et moi contribuons à ce mouvement mondial. Pour comprendre un peu mieux comment nos chiens sont répartis sur Terre, je me suis penchée, avec Mathieu et Jlo – ma team de data-analystes – sur la manière dont les races de chien se diffusaient dans l'espace et dans le temps. Ce n'était pas une mince affaire. Heureusement pour nous, l'hebdomadaire britannique *The Economist*[3] a livré de précieux éléments de compréhension. Dans une analyse de grande ampleur, le magazine a examiné à la loupe 86 millions de données des clubs canins de neuf pays emblématiques : les États-Unis, la Grande-Bretagne, la Finlande, la France, l'Allemagne, le Japon, la Nouvelle-Zélande, l'Afrique du Sud et la Suède. Et les conclusions sont surprenantes. Par exemple, on trouve une proportion démesurément grande de chiens British en Nouvelle-Zélande et en Afrique du Sud à cause du colonialisme. On peut aussi supposer que c'est la raison pour laquelle il y a autant de labradors en Inde : parce qu'ils ont d'abord été populaires en Grande-Bretagne.

[3] "What makes certain dogs popular in certain countries", *The Economist*, 20 décembre 2022.

Le Frenchie, *it-dog* de la mondialisation

Parmi tous les chiens, s'il y en a un qui sort du lot, c'est le bouledogue français. Toutoute, ma Frenchie, est bien évidemment la plus adorable, mignonne, intelligente des petites bêtes, en toute objectivité journalistique. Aucun autre chien ne lui ressemble… Sauf peut-être ses millions de congénères implantés dans le monde entier, des trottoirs parisiens aux rues de Johannesburg. Cette dernière décennie, toujours selon les mêmes chiffres, **le nombre de Frenchies enregistrés a augmenté de… 1000 % aux États-Unis**[4]. Outre-Atlantique, où la chanteuse Lady Gaga, le comédien Hugh Jackman et l'actrice Reese Witherspoon ont succombé à sa bouille aplatie, le bouledogue français est passé de la quatorzième à la première place en dix ans, détrônant le labrador retriever en 2022 alors que ce dernier tenait le haut du pavé depuis 2011[5]. En Grande-Bretagne aussi, le Frenchie a remporté un succès incroyable. Il a bondi de la vingt-deuxième place du podium en 2011 à la deuxième de nos jours. Plus étonnant encore, en Afrique du Sud, la bête a été catapultée de la vingt-septième place à la première en un temps record. Enfin, dans son pays d'origine, le boulodogue français a connu son pic de popularité de 2011 à 2018. Bref, Toutoute n'est peut-être pas aussi unique que je le croyais.

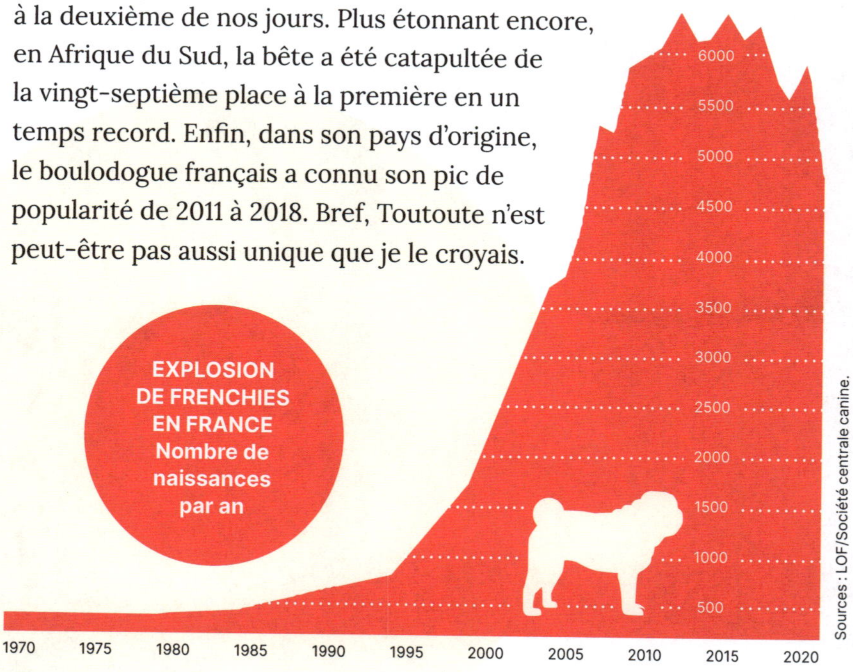

Le paradoxe du Frenchie

Le Frenchie illustre un paradoxe que les experts du sujet ont résumé comme une opposition entre « *function* » (la fonction) et « *fashion* » (la mode)[6]. L'effet de mode l'emporte parfois sur la fonctionnalité et certains chiens très populaires sont inexplicablement surcotés. La jolie bouille du Frenchie avec son nez à la fois court et mou, la brachycéphalie, met pourtant grandement en danger sa santé en l'empêchant de respirer dans des cas extrêmes. Niveau personnalité, les Frenchies sont gentils et doux envers leurs congénères et les humains mais désobéissants. Rationnellement, le bouledogue coûte cher à l'achat, scandaleusement cher à l'entretien, il obéit moins que d'autres chiens comme les golden retrievers, les labradors et même… les rottweilers. La cote de popularité du Frenchie a explosé grâce ou à cause des célébrités qui en ont adopté un, inondant leurs réseaux sociaux de vidéos mignonnes, séduisant de futurs maître potentiels à leur insu. Il suffit de taper « Frenchie » dans la barre de recherche d'Instagram pour trouver plus de 24 millions de résultats. Le phénomène s'est affranchi des frontières. Le Frenchie est l'exemple parfait du chien mondialisé.

Des caniches toy au Japon et des chiens allemands… en Allemagne

Chez les Nippons, on a beau être patriote, on vise la praticité. Donc au pays des microappartements, on aime le caniche toy, le chihuahua et le teckel.
Ces trois races comptent à elles seules pour la moitié des chiens enregistrés ces dix dernières années au Japon, et sont respectivement originaires de France, du Mexique et d'Allemagne.
En Allemagne, au contraire, on favorise le *made in Germany*. L'écrasante majorité des dix races les plus populaires du pays en sont originaires, dont le trio de tête composé du berger allemand, du braque allemand (aussi appelé chien d'arrêt allemand à poil dur ou drahthaar) ou du teckel (dachshund ou chien-saucisse). C'est beaucoup plus que dans les autres pays, où environ un tiers des chiens seulement sont de races locales.

[4] Selon les chiffres de l'American Kennel Club publiés en 2023. [5] "French bulldogs are taking over America", *The Economist*, 15 mars 2023. [6] Voir à ce sujet l'article de Stefano Ghirlanda (*et al.*), "Fashion vs. Function in Cultural Evolution: The Case of Dog Breed Popularity", *Plos One*, 2013 ; et celui de David McCandless, "Best in Show : The ultimate Data Dog", Informationisbeautiful.net.

La mondialisation des chiens français

En cinquante ans, le paysage canin français s'est lui aussi renouvelé et fragmenté. Il y a un demi-siècle, nos chiens provenaient de trois grands pays : l'Allemagne, l'Angleterre et la France. On croisait donc essentiellement des chiens d'origine allemande, comme les **teckels** et les **bergers allemands** ; des **setters**, des **cockers** et des **Jacks** pour les Britishs, et enfin des chiens bien de chez nous, type **épagneul** ou **caniche**.

Depuis, la mondialisation a ouvert les frontières entre les pays et les continents. Et les Français ont le choix parmi un catalogue globalisé lorsqu'ils souhaitent adopter un chien. Conséquence, ceux qui auraient choisi un caniche d'origine française il y a trente ans ont désormais un **chihuahua** (mexicain) ou un **yorkshire** (britannique).

De manière générale, les chiens provenant du Royaume-Uni, des États-Unis et de Belgique ont vu leur popularité exploser, avec, en tête, l'incontournable **berger australien**. Ce chien né, selon la légende, dans les Landes françaises, expatrié en Australie, puis adopté par les Américains, est devenu le chouchou des Français. La *hype* anglo-saxonne n'est pour sa part pas retombée en cinquante ans, bien au contraire : **golden**, **staffie**, **labrador**, **Cavalier King Charles**, **cocker**, **setter anglais**... six races de chiens du top 10 des adoptions de l'année 2023 sont d'origine britannique. Sans oublier le **corgi**, qui, même s'il ne fait pas partie du palmarès, a vu sa courbe exploser... au décès de la reine Élisabeth II. La « *Brit' invasion* » canine a déferlé sur la France !

Enfin, de nombreuses provenances ont fait leur apparition comme l'Asie, avec le **shih tzu** d'origine chinoise et le **shiba inu** japonais, ou encore la Suisse, pays du fromage et du **bouvier bernois**. N'oublions pas la Russie avec le majestueux **samoyède**. Et bien sûr, *last but not least*, le **chihuahua**, LE petit *it-dog* de la décennie écoulée qui a boosté la cote du Mexique. Quant au premier chien français du classement, il arrive à la treizième place, et il s'agit de l'**épagneul breton**.

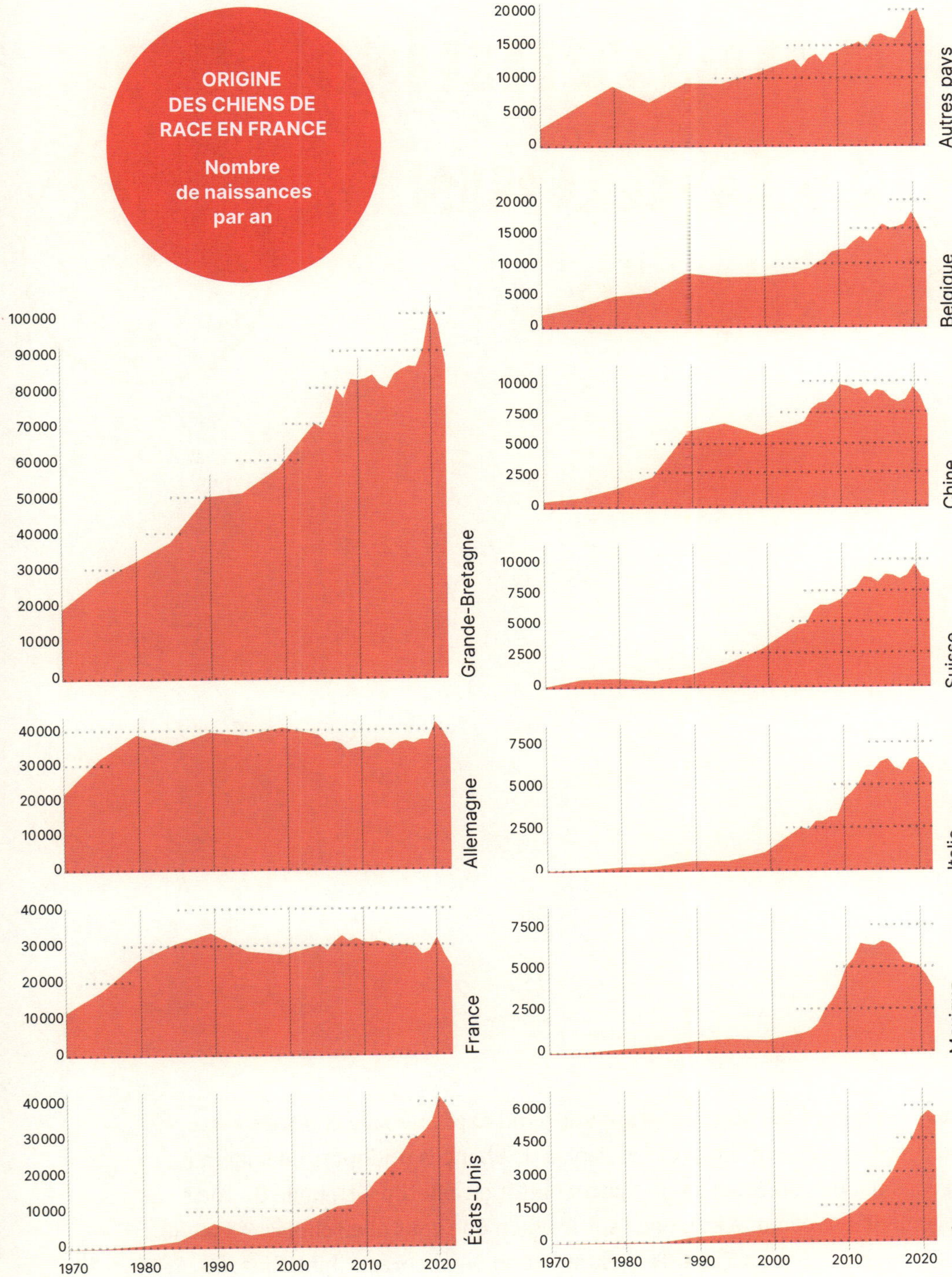

Source : LOF / Société centrale canine.

La moyennisation des toutous français

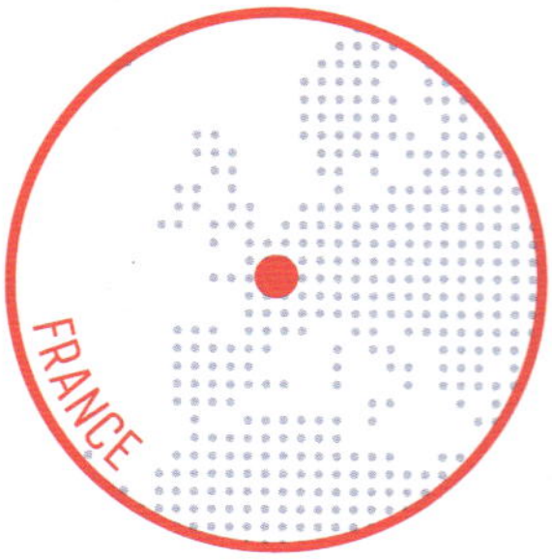

Quels sont les biais géographiques qui expliquent le choix de votre animal ? Autrement dit, avez-vous plus de chances d'adopter un spitz nain si vous habitez au canal Saint-Martin plutôt qu'à Berlin ? La taille de votre logement a-t-elle une influence sur le chien que vous allez choisir ? Y a-t-il plus de chihuahuas à Saint-Tropez, au Japon ou encore à Chihuahua, au Mexique ? La foule cynophile veut savoir. Eh bien, j'ai les réponses.

Lorsque j'ai commencé cette enquête, j'étais convaincue que les petits chiens avaient envahi la France et le monde. Depuis l'adoption de Toutoute, c'est simple, j'en voyais partout : au caniparc des Batignolles, à celui du canal Saint-Martin où je vis actuellement, à la Condesa à Mexico, à Brooklyn à New York, le long de la Gyeongui Line Forest Park à Séoul… Lors de mes voyages, ces observations ont semblé valider cette impression. Mais j'étais victime sans le savoir d'un biais de confirmation, tendant à voir uniquement ce qui confirmait mon hypothèse : des petits chiens partout, très mignons et surtout dans les grandes villes et leurs quartiers bordés de coffee shops, de hipsters et de salles de yoga, puisque c'est là que j'ai concentré mes reportages. Ma première intuition, c'est que notre lieu de vie influence le choix de notre chien, un peu comme celui de notre voiture : la Smart en ville, le 4 x 4 à la campagne. Le chien de sac à main en appartement, le chien moyen dans les maisons avec jardin, le gros toutou-terrain à la montagne. Mais comment faire pour le prouver ? Regarder les chiffres. Mathieu, remonte tes manchettes !

Des petits chiens dans les villes

J'ai eu du flair : en France, les chiens que l'on adopte sont plus petits qu'auparavant. En quarante ans, ils ont perdu du poids : 2,5 kilos, en moyenne. Dans les années 1970, ils pesaient 25 kilos contre 22,5 kilos aujourd'hui (données LOF). Dans le même temps, ils ont aussi perdu un peu plus de 10 centimètres. Ce qui est beaucoup. Lorsque l'on parle d'une moyenne, il faut regarder comment sont répartis les toutous dans leur ensemble. Si la moyenne a baissé, cela peut signifier qu'il y a plus de microchiens qu'avant, et que ces « *toy dogs* » sont responsables de la chute du poids moyen. Mais la même moyenne peut aussi signifier qu'en fait tous les chiens ont rapetissé.

Pour trancher entre les deux explications, on a donc regardé les chiffres à la loupe. Et, bingo, les petits chiens sont en effet plus nombreux. En France, la proportion des moins de 10 kilos a EX-PLO-SÉ. Les races de type teckel, chihuahua, yorkshire, spitz nain, bichon et leurs autres petits potes ont quintuplé en cinquante ans. Voilà pourquoi on en voit partout en France. Dans les années 1970, on en produisait 10 000 par an. Aujourd'hui, ils représentent environ 50 000 individus canins produits par année, comme disent les statisticiens de chiens (et il n'y en a pas beaucoup). D'ailleurs, plus on approche de Paris – et d'autres centres urbains mondialisés –, plus on a de chances d'en voir. Comment je le sais ? Parce que j'ai inventé le « Parisianomètre ».

Le Parisianomètre

PROBABILITÉ QUE VOTRE CHIEN SOIT PARISIEN

Source : I-Cad.

Votre chien est-il parisien ? Plus il se trouve en haut du baromètre, plus vous avez de chances qu'il le soit. Comme par hasard, qui retrouve-t-on dans le top 10 ? Le carlin, le spitz, le bichon maltais, le Cavalier King Charles, le coton de Tuléar, le pinscher, le westie, le chihuahua, le caniche, le bulldog anglais, le cocker anglais, le teckel et le pinscher nain. C'est d'ailleurs en ville, et à Paris en particulier, que les chiens sont, sans surprise, les plus légers : ils pèsent 11,6 kilos en moyenne[7]. Lorsqu'on a de l'espace, c'est l'inverse, on a des chiens plus gros. CQFD.

Grâce au Parisianomètre, on voit bien que les chiens qui ont plus de probabilités d'habiter en dehors de Paris sont le rottweiler, le chien de montagne des Pyrénées, le braque allemand, le berger blanc suisse. Avec leurs grands espaces, leur faible densité, leurs pâturages et leurs troupeaux, les Hautes-Alpes atteignent des sommets avec les chiens les plus lourds : 22,5 kilos ! C'est deux fois plus qu'à Paris. De là à imaginer un remake Netflix d'une tribu de chihuahuas qui va garder les moutons, il n'y a qu'une patte. (Mais ne me faites pas dire ce que je n'ai pas dit : il y a des exceptions, comme ces Parisiens qui se promènent avec des huskies… et je vous dirai d'ailleurs pourquoi très bientôt). Notre lieu de vie influence donc bel et bien notre choix de chien.

SI T'AS UN CARLIN, T'ES PARISIEN.

Hop, on repose le stylo, l'enquête est finie, on rentre chez nous ? Tututu, pas du tout. On a encore de la pâtée sur la planche et je n'ai pas fini mon toutour du monde. Allez zou ! on s'y remet.

---

[7] Données LOF.

POIDS & TAILLE MOYENS DE L'ENSEMBLE DES CHIENS

53,8 cm	**1975**	25 kg
50,5 cm	**2000**	25,6 kg
43,6 cm	**2010**	22,6 kg
40,6 cm	**2020**	22,6 kg
41,7 cm	**2023**	22,5 kg

Sources : LOF, Hund.fr

Chéri, j'ai rétréci le chien

En résumé : oui, il y a plus de petits chiens qu'avant. Mais ce n'est qu'une partie de l'histoire. Car ceux qui tiennent vraiment le haut du pavé, ce sont les chiens moyens, ceux qui se situent entre 10 et 30 kilos. Ils ont le plus augmenté dans le total de nos toutous (dites-le à voix haute, c'est très drôle). Certes, c'est une fourchette très large, qui met le très touffu – et craquant – chow-chow de 30 kilos dans le même sac que Toutoute (ma petite bouledogue française et ses 10,5 kilos).

Donc, si on affine et qu'on décide de scinder la grande famille des moyens en deux catégories (certaines personnes n'ont vraiment que ça à faire), celle des 10 à 20 kilos et celle comprise entre 20 et 30, on se rend compte que ce sont surtout ces derniers, soit les moyens-gros, qui ont le plus augmenté. Pour preuve, dans le top 10 des chiens de race les plus produits en 2023[8], le *number one* depuis quatre ans, c'est le berger australien, soit le prototype du chien moyen que vous avez vu partout. C'est le véritable *it-dog* de la France pavillonnaire.

[8] Chiffres Société canine/LOF.

Les Français et leurs chiens en chiffres

9,7
MILLIONS DE CHIENS EN FRANCE

1 FRANÇAIS SUR 3 POSSÈDE UN TOUTOU

8 FRANÇAIS SUR 10 DÉCLARENT AIMER LES CHIENS

Mais qui sont les deux autres, QUI ?

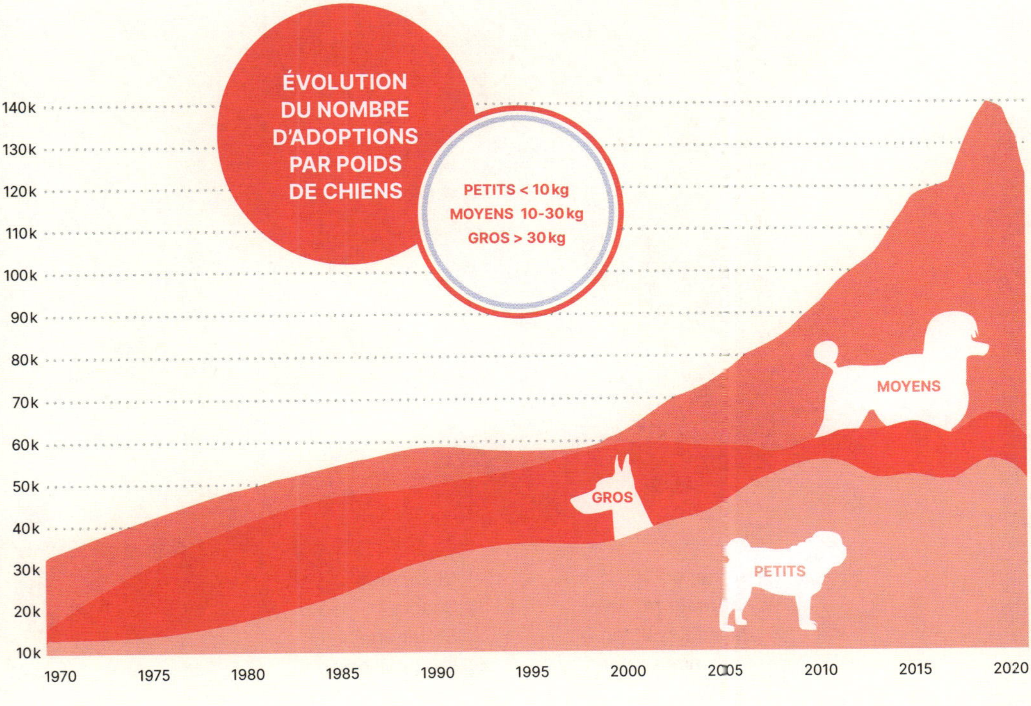

Sources : I-Cad (2023) ; Société centrale canine (2024) et Hund.fr

La carte de France des chiens

Source : I-Cad 2022.

Les chiens les plus présents sur une partie du territoire sont le signe d'un mix de sédimentation historique et de mode. Les régions dans lesquelles on trouvait des chiens de ferme, de troupeau ou de chasse continuent à se distinguer encore aujourd'hui, probablement parce que des traditions se sont perpétuées. D'autres races venues d'ailleurs ont conquis le cœur d'une partie des Français.

Chihuahua et petits terriers au nord, sur la côte et autour de Paris

Il est tout petit, parfois un peu entêté, mais il est le préféré des Méditerranéens, des Parisiens et des Ch'tis réunis : le chihuahua règne en maître au nord comme au sud, jusque sur l'île de Beauté. On pourrait presque lui donner son émission de téléréalité : il a déjà tous les candidats. Autour du bassin parisien et dans la moitié nord du pays, d'autres petits gabarits comme le Jack Russell ou le yorkshire, deux terriers, sortent du lot.

Labrador et border collie se partagent le territoire

Le territoire du labrador, à l'origine un chien de chasse, s'étend sur une vaste zone ouest et centrale du pays. Dans les grands espaces et les montagnes, des Pyrénées aux Hautes-Alpes en passant par le centre de la France, c'est le border collie, un chien de troupeau, qui se démarque. Petite exception locale : dans les Landes, on aime beaucoup le setter anglais, ce chien de chasse d'origine britannique.

DÉCRYPTAGE

Nous avons demandé au vétérinaire Pierre Buisson, président-directeur général de l'I-Cad, de commenter notre carte de la race la plus répandue par département.

« Normalement, les chiens des éleveurs professionnels n'apparaissent pas sur cette carte. La concentration de chihuahuas dans certains départements peut en partie s'expliquer par les enregistrements de naissances provenant de petits élevages non professionnels, tenus par des particuliers. Ce que montre également cette carte, c'est la persistance des traditions. Une ferme qui élève cinq ou six border collies en reproduit constamment et peut en donner ou en vendre à des voisins : c'est pourquoi on retrouve ce chien dans des zones d'élevage. De même, les chiens de chasse comme le labrador, le golden ou le teckel ont été détournés de leur utilisation première pour devenir des chiens de compagnie et de famille. »

Votre chien sera-t-il encore à la mode la saison prochaine ?

2

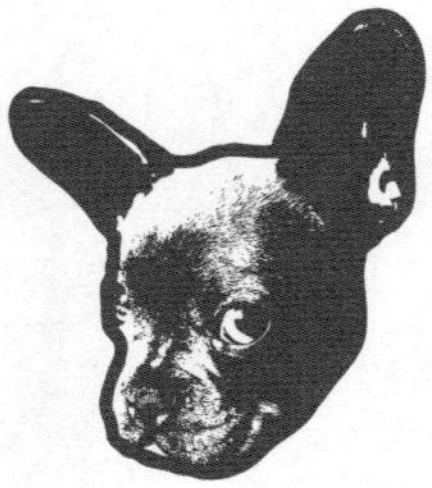

Comment une race de chiens devient-elle un phénomène de mode ? Longtemps, Hollywood et Disney ont influencé nos choix. Le berger allemand Rintintin et le cocker Lady ont lancé les premiers chiens blockbuster. Puis Paris Hilton a imposé son chihuahua au reste du monde grâce à la télé, surtout à Béthune et à Monaco. Le « Club Dorothée » a biberonné les *millennials* aux mangas japonais. Résultat : Internet a lancé le shiba comme celui du youtubeur Squeezie, boostant au passage la cote des chiens primitifs.

Aujourd'hui, entre les microchiens et les *designer dogs*, ça devient un peu n'importe quoi. Finalement, ça ne serait pas mieux d'adopter un chien dans la SPA la plus stylée de Séoul ? Les modes canines, faut-il s'en méfier ou y succomber ?

Mon chien s'appelle Charles et vit à la Condesa

Carré blond impeccable, combi en jean et lunettes à écailles sur le nez, la pimpante Lorraine sirote son cappuccino sur une terrasse de la rue Chilpancingo dans le quartier de la Condesa avec Charles, son bouledogue français mexicain. Je vous confie un petit secret : à force de suivre les aventures de « Charles le Frenchie » sur l'Insta de ses humains Victor et Lorraine, alias @virroylola, Charles m'a influencée dans le choix de la race de Toutoute… faisant de moi l'un des maillons de la mondialisation canine, à mon insu.

CHRISTIAN
COWAN x
maxbone

Dans le quartier, Charles est loin d'être l'unique toutou. C'est flagrant : pas un pâté de maisons sans magasin pour animaux de compagnie, vendeur de croquettes, vétérinaire ou *dog-sitter*. On croise des dizaines de chiens de race, archi bien élevés et shampouinés. Comme ce lévrier afghan, par exemple, au poil lisse et soyeux, dont j'envie le brushing impeccable. Je me mets à rêver de Toutoute à Mexico, donnant la *pata* chaque fois qu'on le lui demande pendant que je mange des tacos dans une cantina. Ce qui n'arrivera évidemment jamais (qu'elle obéisse, pas que je mange des tacos).

Après être tombée sous le charme de l'irrésistible Victor, son mari mexicain, la Française s'est installée dans cette « *colonia* », comme on appelle les quartiers au Mexique, depuis plus de dix ans. En vingt ans, et particulièrement depuis le Covid, une vague internationale *arty* et intellectuelle a boosté la popularité de ce coin paisible de Mexico, attirée par l'identité historique forte des appartements et maisons Art nouveau et leur prix, bien plus abordable qu'en Europe ou aux États-Unis, au désespoir des locaux qui se font chasser dans les quartiers limitrophes.
La Condesa, c'est l'East Village à New York et le canal Saint-Martin à Paris réunis : l'épicentre latino-américain du cool. C'est aussi le Mexique, mais sans le bazar : la gentrification a édulcoré le folklore local tout en gardant de nombreux points d'intérêt comme les *mercados* (marchés couverts) et *puestecitos* (petites échoppes typiques de tacos), mélangés aux coffee shops, aux salles de yoga New Age et aux restaurants de « *fusion food* » similaires à ceux de Paris, Los Angeles ou Séoul. Et ça, les *digital nomads*, souvent entrepreneurs du web qui télétravaillent en « *full remote* », sont fans. Les splendides *jacarandas*, symbole du printemps à Mexico, arborent déjà leur toison violette alors que nous ne sommes qu'en janvier… La végétation exotique qui borde la rue ovoïde d'Amsterdam, réminiscence d'un ancien hippodrome, rend ce petit coin respirable dans cette ville polluée : c'est le spot idéal pour sortir son chien.

Flashback. Au début de ce millénaire, le quartier est loin d'être aussi huppé. C'est même un coupe-gorge les vendredis soir de sortie de bars et d'*antros* (clubs). À l'époque, la mégalopole se place juste en dessous de Tokyo et frôle les 20 millions d'habitants. Dans ce pays rongé par la corruption et dirigé par l'indéboulonnable Parti révolutionnaire institutionnel depuis des dizaines d'années, l'arrivée de Vicente Fox, premier président de droite, fait naître une ferveur nouvelle. Tout devient possible pour ce pays émergent qui s'ouvre en grand au capitalisme. La ville est aussi électrique politiquement qu'effervescente culturellement. C'est dans cette ambiance, à 20 ans, que j'arrive dans ce pays.

> « Ça y est, c'est la fin des haricots *rancheros*. »

Je viens d'atterrir au D.F. qu'on prononce « Dé éffffffé », le Distrito Federal, pour poursuivre mes études en relations internationales. Je sors avec Andrés, un « *chilango* » (né à Mexico) rencontré au Jacalito, une *mezcaleria*. Un jour, en début de soirée, il m'embarque avec son frère Darshan dans une camionnette blanche. Dans ce pays connu pour ses enlèvements, je me dis : « Ça y est, c'est la fin des haricots *rancheros*, ils vont réclamer une rançon à mes parents. » Et tandis que je me demande à quel doigt de ma main je tiens le moins, Darshan, aujourd'hui dresseur canin aux États-Unis, me pointe de son index les cages à l'arrière remplies de… canards ! « Avant dé dresser des "*perros*", Mylène, tou t'entraînes avec des canards. S'ils té suivent, c'est bon, tou passes au chien. » Voilà comment je me suis retrouvée à patauger au parc España pour relâcher les oiseaux dressés mais inutiles, toutes mes phalanges intactes. Aujourd'hui, à la Condesa, les oies ont remplacé les canards, les leçons de yoga vinyasa mes nuits fauves. Et surtout, Andrés a adopté Cucca, sa petite lévrier whippet qui l'accompagne le matin pour boire son café torréfié. Et parfois aussi le soir, ses shots de mezcal.

Retour en terrasse avec Lorraine, au café Capricho Blanco. Je grattouille Charles le Frenchie.
– Victor n'est pas là ? je demande à Lorraine, sa compagne.
– Non, il se remet d'une petite opération, m'informe-t-elle.

Je dois l'avouer : je me fiche royalement de rencontrer le photographe (pardon, Victor !). Que les choses soient claires : si j'ai parcouru autant de kilomètres, bravé les huit heures de décalage horaire et le piment jalapeño, ce n'est certainement pas pour papoter avec un couple d'influenceurs. Non, je veux rencontrer Charles, leur Frenchie.

Comment un bouledogue français s'est-il retrouvé star d'un compte franco-mexicain ? Pourquoi mon ex mexicain Andrés a-t-il une whippet, race d'origine anglaise ? Comment et pourquoi avez-vous choisi votre chien ? Est-ce la faute de Disney, de Paris Hilton, de la télé, du cinéma, des artistes, des youtubeurs, des influenceurs ou d'Internet ? Un peu tout ça à la fois. On détricote.

Comment naissent les modes canines ?

Une brève histoire du *it-dog*

Qu'est-ce qui fait qu'un chien devient désirable ? Comme les produits de consommation : vous l'avez vu à la télé ou chez des amis, il vous a fait rêver au cinéma ou un·e influenceur·se que vous appréciez bombarde votre *feed*. Comme des baskets Stan Smith, lorsque la vague décolle, lancée par des personnes cool, tout le monde en veut. Comme Milo, le Jack Russell, poussé par le film *The Mask* dans les années 1990. « Ah bah oui tiens, Martine, elles sont sympas ces baskets/ce chien. Je les ai vues à la télé/au ciné. » Mais d'un coup d'un seul, vous les voyez aux pieds de tout le monde – les baskets et le chien –, du très exclusif festival de musique Coachella à Jean-Michel de la compta. « Ah nan pas Jean-Michel ! » Si, *même* Jean-Michel. C'est le moment où la vague qui avait atteint l'acmé de la tendance redescend, voire s'éteint, alors qu'une autre paire de baskets ou un nouveau chien à la mode arrive déjà, plus cool, plus sympa, tellement plus désirable.

Cependant, les tendances ne se sont pas diffusées de la même manière selon les époques. Il y a cinquante ans, bien avant le bouledogue français mexicain influenceur, nos parents les boomers (coucou, papa, coucou, maman) avaient de gros toutous de famille : des bergers allemands, des labradors et même des bassets comme dans *Colombo* (ou le chien de *Télé Z*), eux-mêmes poussés par des blockbusters hollywoodiens ou les premières grandes séries télé. Mabrouk, le fidèle compagnon de « 30 Millions d'amis » diffusé sur TF1 dans les années 1980, était l'indétrônable chien préféré des Français. Puis tout s'est accéléré. Les *toy dogs* de la téléréalité ont débarqué dans les années 1990, le caniche *made in France* s'est fait détrôner par le chihuahua Tinkerbell de Paris Hilton et Châtaigne, le spitz de C.C. Babcock dans *Une nounou d'enfer*.

« Sans oublier les cockers avec *Boule et Bill* », rappelle Alexandre Balzer. Le président de la Société centrale canine en connaît un rayon sur les races et leur popularité en dents de scie. Celui qui est aussi vétérinaire encadre les inscriptions au LOF (souvenez-vous, le fameux Livre des origines français) des chiots qui naissent chaque année. Accessoirement, il est aussi propriétaire de trois terre-neuve, deux goldens et d'un cursinu, race d'origine corse entrée récemment au LOF justement. Sur le territoire français, les chiens de race représentent entre 35 et 40 % de la population totale des chiens. « L'adoption d'un chien à la mode est un phénomène qu'on ne peut pas contraindre, car c'est la demande du public », explique-t-il. C'est d'ailleurs pour cette raison que les inscriptions au LOF sont un très bon indicateur des goûts des Français.

Aujourd'hui, à l'ère du marketing de pointe et du microciblage de la Gen Z via les réseaux sociaux, le buzz de l'adoption d'un chien par une célébrité peut suffire à changer le destin de toute une race, comme le shiba avec Squeezie. L'ère des *designer dogs*, ces croisements de deux races qui portent des noms énigmatiques (labradoodle, cockapoo…) a consacré une sorte d'ubérisation des modes canines, laissant les clubs de race et les gouvernements complètement largués. Avec, en bout de chaîne, des achats compulsifs de chiens chers, difficiles à éduquer et avec pour certaines races créées de lourds problèmes de santé. Et toujours plus de risques d'abandons lorsque les modes retombent.

L'ère des *designer dogs* a consacré une sorte d'ubérisation des modes canines.

Comment Paris Hilton a fait acheter un chihuahua

à votre grand-mère

L'ascension des chihuahuas est l'exemple typique d'un effet de mode de la fin des années 1990, début des années 2000. Tinkerbell the Dog, le chihuahua femelle de Paris Hilton, fait une première apparition très remarquée dans "The Simple Life", une émission de téléréalité, diffusée à cette période sur la chaîne américaine E ! (Entertainment Television). Les aventures de l'héritière au jogging en moumoute rose et de son chien rencontrent un franc succès populaire. Au fil des saisons, plusieurs dizaines de millions d'Américains et de foyers étrangers les suivent.

Preuve de l'immense popularité de la bête, Tinkerbell dispose même de sa fiche d'actrice sur IMDB, le site qui répertorie les films du monde entier. Les succès s'enchaînent pour le plus petit chien du monde. À la même époque, Reese Witherspoon interprète Elle Woods dans *La Revanche d'une blonde*, inspiré de la même Paris Hilton, habillée en microtailleur rose, elle aussi flanquée d'un chihuahua star prénommé Moonie.
En parallèle, le monde de la publicité s'empare du phénomène microchien. Dans les années 1990 aux États-Unis, la chaîne de fast-food Taco Bell lance une série de réclames mettant en scène un chihuahua nommé Gidget. Le slogan de la campagne, « *Yo quiero Taco Bell* » (J'aime Taco Bell), devient emblématique de la marque grâce à la voix attirante de ce petit animal.

IL S'AGIT BIEN DE *FAST-FASHION* CANINE.

Ces succès trouveront un écho jusqu'au Japon. Dans les années 1950, seuls quatre chihuahuas étaient inscrits au registre des chiens nippons. Mais la diffusion de séries et films américains combinée à la performance de Qoo-chan (ou Que-chan) en 2002 dans une pub télévisée pour une assurance propulse l'animal à la deuxième place des chiens les plus adoptés du pays, juste après le caniche toy. Vingt ans plus tard, ce *toy dog* est à son apogée en France, du Nord à la Côte d'Azur, en passant par Tokyo où il est toujours sur la deuxième marche des chiens les plus populaires. Mais plus du tout, ou presque, à Chihuahua. Je suis allée vérifier.

Dans le passé, les modes canines s'étalaient sur plusieurs dizaines d'années. Par exemple, le caniche est resté au top pendant des décennies jusqu'en 1970. Probablement grâce à un mix de beauté, de frisettes et d'intelligence. Puis, on a vu les tendances de chiens éclore en vagues successives, de plus en plus nombreuses et resserrées, comme le yorkshire qui a dépassé le caniche dans les années 1980, lui-même doublé par le bouledogue français dans les années 2010, lui-même rattrapé par le chihuahua peu après. Il s'agit bien de *fast-fashion* canine.

Y a-t-il encore des chihuahuas à Chihuahua ?

Impossible de parler du phénomène des petits chiens sans remonter le filon : la ville de Chihuahua. Je vous plante le décor : nous sommes en plein désert aride du Mexique, dans le prolongement du grand canyon américain. À trois heures de voiture vers le Nord : la frontière avec les États-Unis et la ville de Ciudad Juárez, tristement célèbre pour ses meurtres de femmes. Chihuahua s'étire sur des dizaines de kilomètres à flanc de montagnes en quartiers résidentiels aux murs couronnés de fils barbelés. Les températures épouvantablement chaudes en été montent à plus de 40 °C et descendent largement à -10 °C l'hiver en pleine sierra. Je suis probablement l'une des seules Françaises à avoir connu cette terre sans Internet, puis, vingt ans plus tard, complètement métamorphosée et mondialisée avec un quartier d'affaires, « *El Distrito 1* ». Les habitants ont même baptisé ce monstre d'acier et de bitume «la petite Manhattan» en référence au quartier d'affaires new-yorkais. Avec ses faux airs de *Breaking Bad*, on est quand même en terre d'agriculteurs, d'éleveurs et de cow-boys, ancrés dans les traditions. J'en sais quelque chose, car j'ai vécu trois ans dans cet endroit inimaginable. J'ai même failli m'y marier (mais on en reparlera dans mon prochain bouquin : *Mylène et les garçons*).

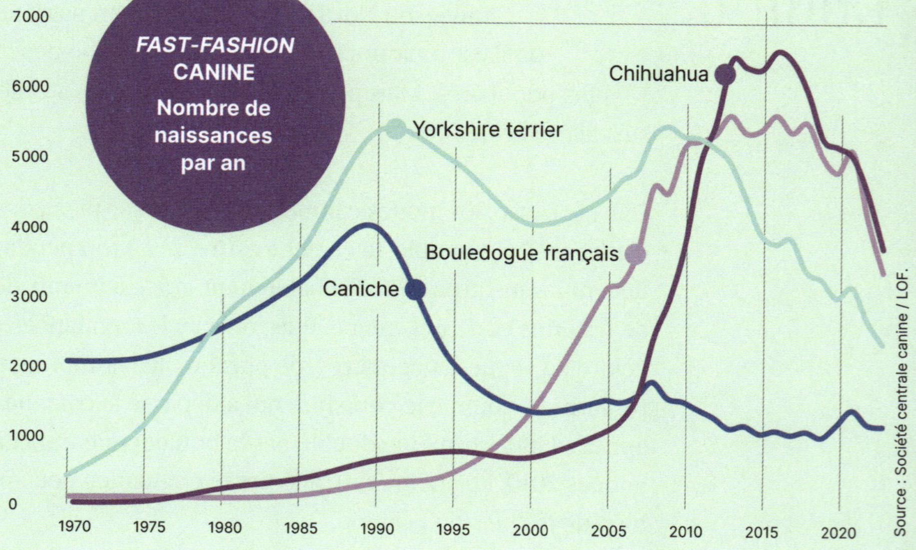

« Ah bah oui, tiens, qu'est-ce que je vais bien pouvoir lui ramener à la petite dernière comme cadeau de voyage ? »

Mais revenons à nos *chihuahueños*. Difficile d'imaginer que des minicréatures archigâtées comme Dolly Pawton (@dolly_pawton) aux 211 000 *followers* sur Insta en microcostume de bain à lunettes de soleil jaunes en forme de cœur, ou feu Tinkerbell the Dog soient originaires de cet endroit déroutant. Pourtant, contrairement à ce que leur taille laisse penser, ces petits chiens sont très résistants. Dans le centre historique de la ville, dont la magnifique cathédrale et les maisons coloniales témoignent du passé révolutionnaire du pays, un chihuahua a été peint juste en face des bureaux de la municipalité, pour rappeler les racines toltèques puis aztèques. À la fin du XIXe siècle, les paysans de l'*Estado Grande*, comme on appelle l'État de Chihuahua, commencent à faire commerce du petit chien avec des touristes nord-américains – « Ah bah oui, tiens, qu'est-ce que je vais bien pouvoir lui ramener à la petite dernière comme cadeau de voyage ? » Petit à petit, le chien est exporté en masse en Europe, un commerce probablement facilité par son gabarit qui tient dans un sac à main. De nos jours, les habitants de Chihuahua n'en ont pas plus qu'ailleurs, mais ont, eux aussi, succombé à la vague des « *los perrhijos* », contraction de « *perros* » (chien) et « *hijos* » enfants, à laquelle ils ont sans le savoir beaucoup participé.

Quand Hollywood inventait les chiens blockbuster

L'effet dalmatien : comment la pop culture vous fait acheter votre chien

Avant la télé, il y avait le ciné. Tout a commencé avec la sortie des 101 *Dalmatiens*. Le succès du dessin animé en 1961, puis du film en 1996, a fait exploser le nombre d'adoptions. Mais ils ont beau être hautement graphiques, les dalmatiens n'en demeurent pas moins têtus, fougueux et ultra énergiques. Ce caractère (de chien) convenait tout à fait à leur premier job : courir à côté des voitures tirées par des chevaux sur plusieurs kilomètres afin de les protéger des bandits de grand chemin. Le décalage avec leur comportement dans le dessin animé, ainsi que le manque de compatibilité entre leur personnalité et le mode de vie des humains du XXIe siècle ont malheureusement créé un yoyo d'adoptions/abandons. Ce balancier a été tellement remarquable qu'il a même été baptisé « l'effet dalmatien ».

Quelques années plus tôt, c'est le cocker qui était en vogue. Grâce à l'adorable Lady dans *La Belle et le Clochard* et son bisou spaghetti, bien sûr ! Le dessin animé diffusé en 1955 a lancé le premier *it-dog* Disney : le cocker, dont la popularité était encore très haute dans les années 1970, sa jolie bouille allant de pair avec son standing. Sa courbe s'est ensuite aplatie avant un regain d'intérêt à la fin des années 1980, à l'arrivée de la VHS.

Il ne faut pas non plus oublier l'influence du très mignon Bill, le cocker de la BD *Boule et Bill*, que toute la France a adoré. Sans compter les deux adaptations au cinéma en 2013 et 2017. L'histoire ne dit pas si David et Victoria Beckham, propriétaires d'Olive, Fig et Sage, leurs trois cockers, ont préféré *La Belle et le Clochard* ou *Boule et Bill*...

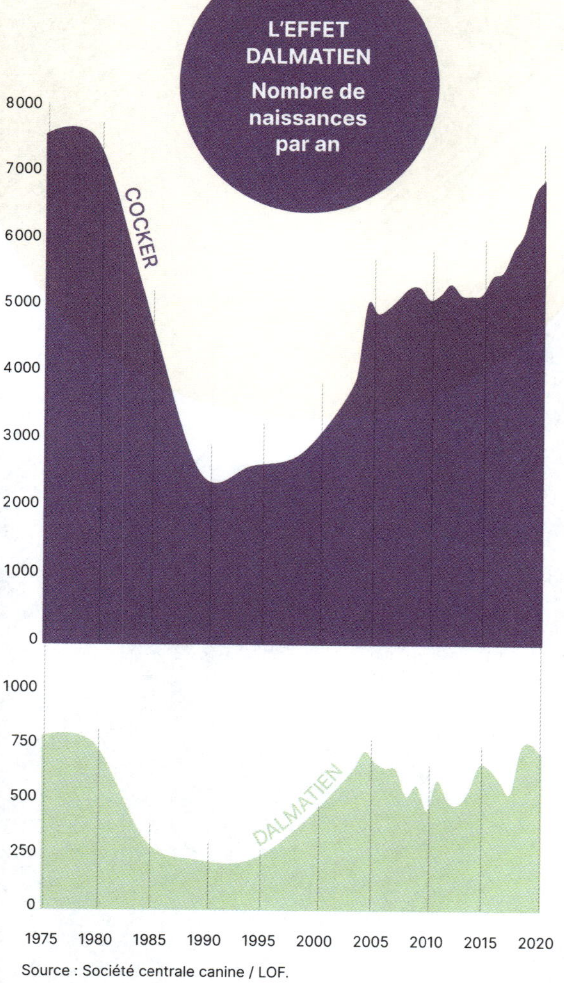

Source : Société centrale canine / LOF.

Outre l'immense succès de Lady et des dalmatiens, d'autres productions ont amené certaines races sur le devant de la scène, comme le berger allemand avec *Rintintin* (si vous ne le connaissez pas, c'est que vous avez grandi dans les années 2000) ; le colley avec *Lassie, chien fidèle* (1943), puis *Lassie, la Route de l'aventure* (2020) ; le berger allemand encore grâce à *Je suis une légende* avec Will Smith (2007) ; le saint-bernard avec *Beethoven* (1992) ; Franck le carlin de *Men in Black* (1997) ; ou encore Moonie le chihuahua de *La Revanche d'une blonde* (2001).

Le big data peut-il prédire la prochaine race à la mode ?

Avant le cinéma, il existait déjà un événement phare capable de booster une race. Équivalent du Festival de Cannes pour les chiens, le Westminster Dog Show se déroule chaque année au printemps à New York, contrairement à ce que son nom très British laisserait croire. Chaque année, les jurés élisent le "Best in Show", le grand gagnant du concours, au plus proche de l'idéal de la race. Or selon les chiffres de *The Economist*[9], la race de chiens victorieuse augmente sa cote de popularité de 67 % en moyenne l'année où la race gagne, et de 93 % deux ans plus tard. Il n'y a pas d'argent à gagner à proprement parler, mais une victoire assure de lucratifs contrats de reproduction. Et, évidemment, le droit de narguer les autres.

Les scientifiques, pas forcément réputés pour admirer les caniches nains ou regarder des films avec des chihuahuas, ont commencé à se poser des questions : la pop culture (cinéma, pub, événements prestigieux) influence-t-elle le choix de nos animaux de compagnie ? Et, si oui, dans quelle mesure ? Pour répondre à ces questions, ils ont mené une enquête d'envergure[10], en passant à la moulinette la base de données de l'American Kennel Club – la plus grande organisation canine des États-Unis. Grâce au *big data*, ils ont mixé ces données avec celles de 87 films mettant en scène des chiens jouant un rôle principal.

---

[9] "What makes certain dogs popular in certain countries", article cité. [10] Alberto Acerbi, Stefano Ghirlanda, Harold Herzog, "Dog Movie Stars and Dog Breed Popularity: A Case Study in Media Influence on Choice", *Plos One*, 2014.

Ils en ont déduit un algorithme mathématique capable de prédire la trajectoire de popularité d'une race et ont constaté que ces films ont été déterminants dans le choix des chiens… jusqu'à dix ans après leur sortie ! Pour preuve, les dix films ayant eu le plus d'effet sont associés à 800 000 inscriptions supplémentaires. Cette étude reste à ce jour la plus sophistiquée pour prévoir l'impact d'un film sur la popularité d'un chien.

Les chercheurs ont aussi étudié la vitesse à laquelle une tendance croît et décroît : l'influence est-elle durable (on a alors affaire à un indémodable, comme le caniche), ou est-ce qu'une mode retombe aussi rapidement qu'un soufflé au fromage (il s'agit alors de *it-dogs* éphémères) ? Ils ont observé des cycles de plus en plus courts, avec des pics brefs qui retombent rapidement.

L'INFLUENCE D'UN FILM EST-ELLE DURABLE OU EST-CE QU'UNE MODE RETOMBE AUSSI RAPIDEMENT QU'UN SOUFFLÉ AU FROMAGE ?

Moi aussi j'ai voulu créer un algorithme prédictif pour adapter cette étude aux succès plus récents de certains chiens. Mais, d'une part, j'ai fait Bac L, et d'autre part, un tel calcul se révèle aujourd'hui beaucoup plus complexe, voire impossible. Il faudrait inventer une équation qui agrège les publications sur les réseaux sociaux, avec l'intégralité des posts concernant telle ou telle race publiés sur des comptes plus ou moins suivis, pondérée par la popularité de telle ou telle star. Il faudrait aussi ajouter de potentiels buzz, comme le décès de la reine Élisabeth II qui a fait exploser la demande de corgis, ou l'adoption d'un chiot par un rappeur. Bref, il faudrait des ressources que nous n'avons pas. Comme ce n'est pas mon genre de lâcher l'affaire, j'ai rusé. Avec notre équipe de data analystes, nous avons repris les courbes de popularité des chiens en France et avons cherché pour chaque race des repères et des événements clés pour comprendre leur ascension.

Le décès
de la reine
Élisabeth II
a fait exploser
la demande
de corgis.

LES CHIENS DANS LA POP CULTURE

Nombre de naissances par an

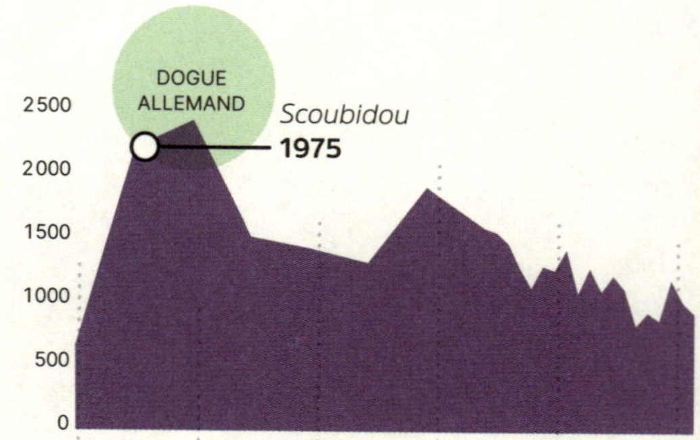

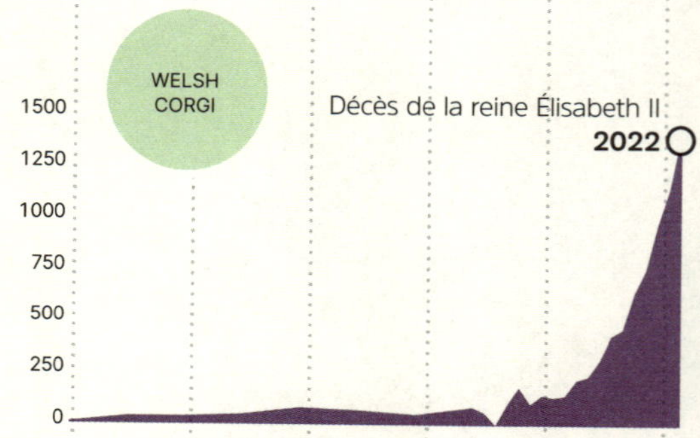

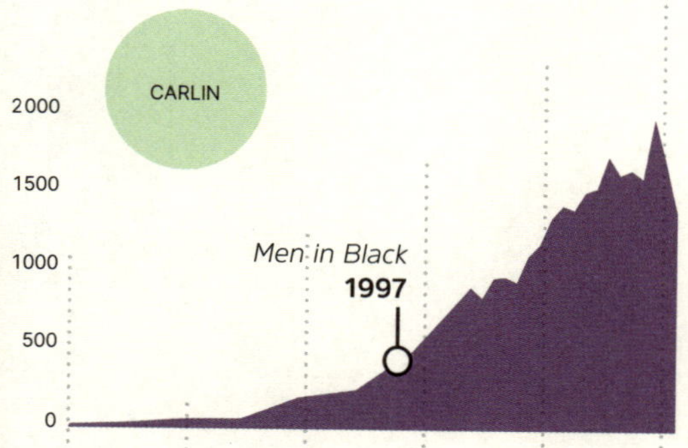

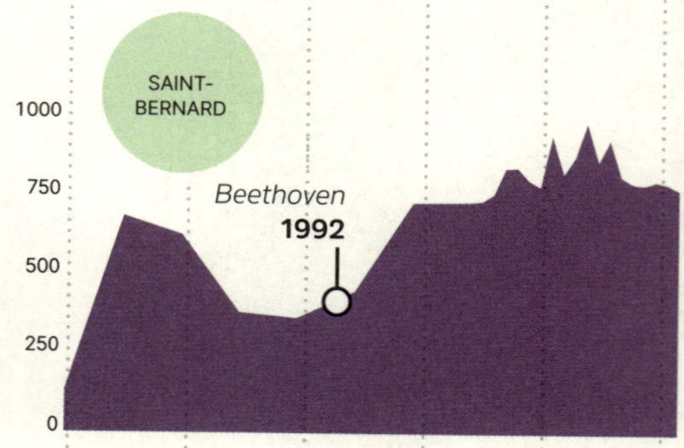

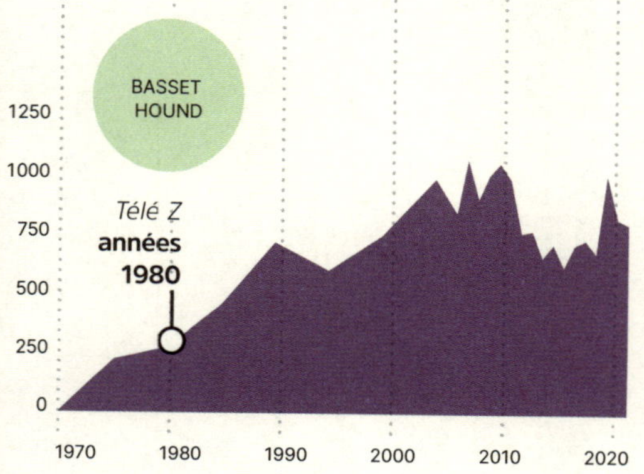

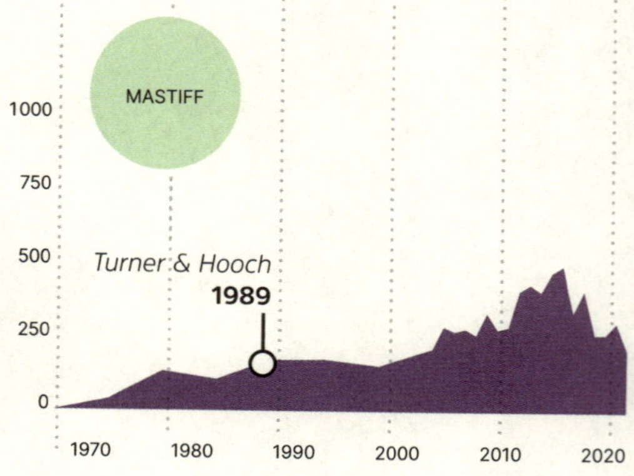

Source : Société centrale canine / LOF.

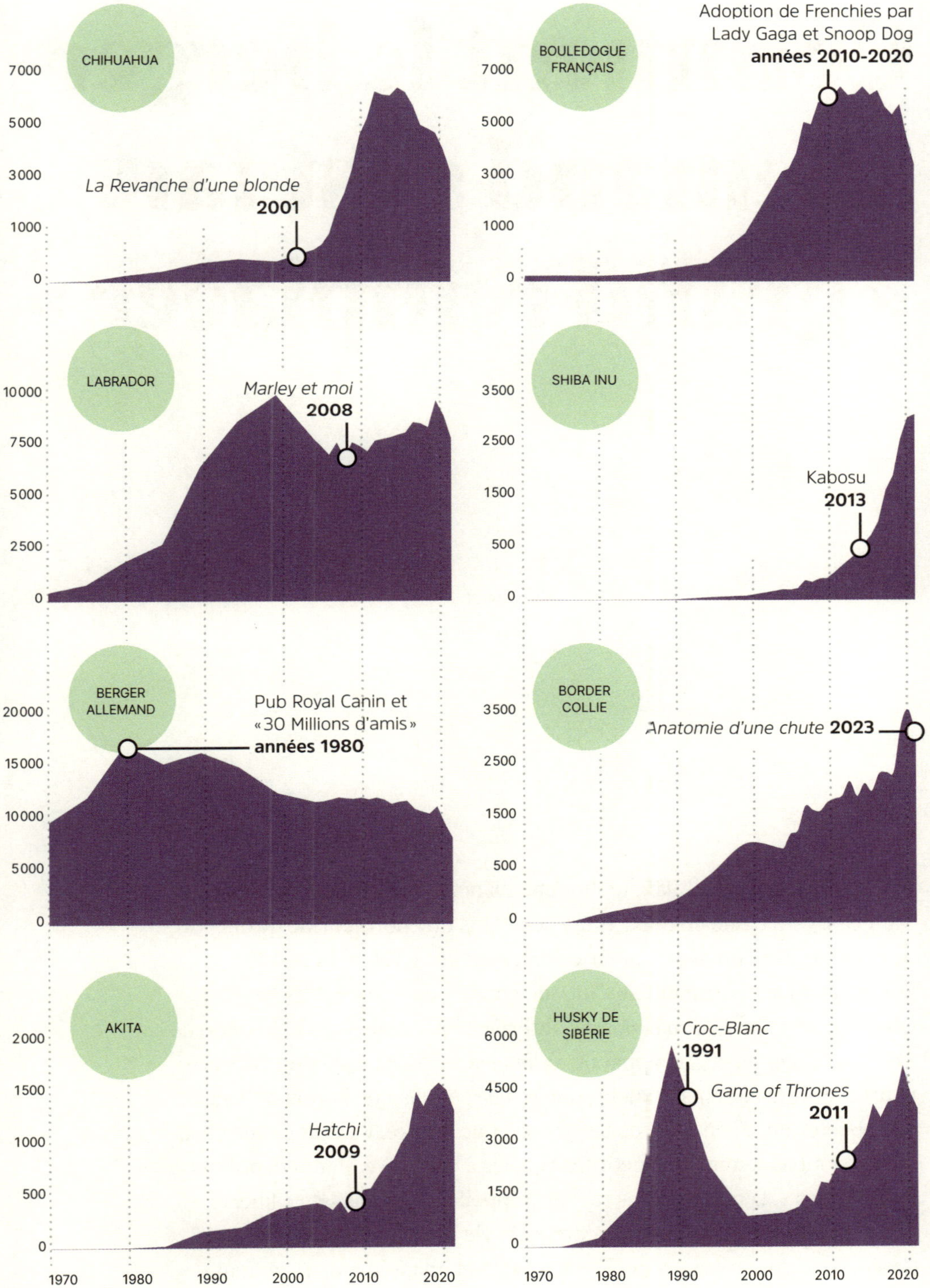
CHIHUAHUA
7000
5000
3000
1000
0
La Revanche d'une blonde
2001
BOULEDOGUE FRANÇAIS
Adoption de Frenchies par Lady Gaga et Snoop Dog
années 2010-2020
7000
5000
3000
1000
0
LABRADOR
10000
7500
5000
2500
0
Marley et moi
2008
SHIBA INU
3500
2500
1500
500
0
Kabosu
2013
BERGER ALLEMAND
20000
15000
10000
5000
0
Pub Royal Canin et «30 Millions d'amis»
années 1980
BORDER COLLIE
3500
2500
1500
500
0
Anatomie d'une chute 2023
AKITA
2000
1500
1000
500
0
Hatchi
2009
HUSKY DE SIBÉRIE
6000
4500
3000
1500
0
Croc-Blanc
1991
Game of Thrones
2011
1970
1980
1990
2000
2010
2020
1970
1980
1990
2000
2010
2020

Comment le berger allemand s'est fait « grand remplacer »

Dans les années 1980, un homme blanc, blond, d'une quarantaine d'années, vêtu d'une chemise rouge, est dans un endroit aride qu'on peut situer dans un désert américain. Il appelle : « Falco, Falco ! » Sur la musique instrumentale *Chi Mai*, connue en France comme générique du film *Le Professionnel*, interprété par Jean-Paul Belmondo en 1981, un berger allemand apparaît, s'élance au-dessus d'un tronc d'arbre, court à travers champs, franchit une rivière, tandis que la voix off lance : « Respecter un chien, c'est connaître sa vraie nature. » Cette même voix, qui ressemble comme deux cordes vocales à celle de « Mennen, pour nous les hommes », la pub pour les rasoirs, rappelle les besoins de « liberté » et d'« équilibre » de l'animal. Et comme la vie est bien faite, avec « Royal Canin, vous donnez une alimentation saine et adaptée à votre animal ».

Falco s'ébroue de joie à la vue de son maître en chemise à carreaux type cow-boy et jean slim, qui lui donne les croquettes avec « toutes les protéines et vitamines nécessaires à sa vitalité ». La pub finit sur un « Royal Canin, le vrai respect du chien ». C'est aussi à la même époque que Mabrouk, également berger allemand et mascotte de « 30 Millions d'amis » (suivi par Mabrouk Junior puis Mabrouka), court sur un autre générique culte.

Durant une vingtaine d'années, le **berger allemand** est au top de sa popularité. Et reste, dans les années 1980 et 1990, le chien préféré des Français, signe de l'influence de la publicité, de la télé et des grandes marques de *petfood*. Il le doit aussi, bien entendu, à ses immenses qualités. Mais dans les années 2000, son cousin le berger belge commence à le rattraper. L'une des raisons pour lesquelles les effectifs de ce dernier augmentent lentement mais régulièrement d'année en année, c'est que le **malinois**, une variété du berger belge, devient le chien préféré des maîtres-chiens et des forces de l'ordre. Son intelligence et son obéissance lui valent de passer devant les héritiers de Falco et de prendre en 2016 la première place au classement annuel des chiens de race les plus adoptés en France.

Dans les années 1980 et 1990, le berger allemand reste le chien préféré des Français.

L'histoire ne s'arrête pas là. Car le berger belge se fait doubler à son tour par un nouvel entrant dans la catégorie. Un chien plus petit, tricolore, hyper instagrammable, le détrône en à peine deux ans : le **berger australien** qui, comme son nom ne l'indique pas, est originaire des États-Unis. Depuis 2018, celui qu'on appelle aussi l'***aussie*** occupe la première place du podium des chiens (de race) préférés des Français.

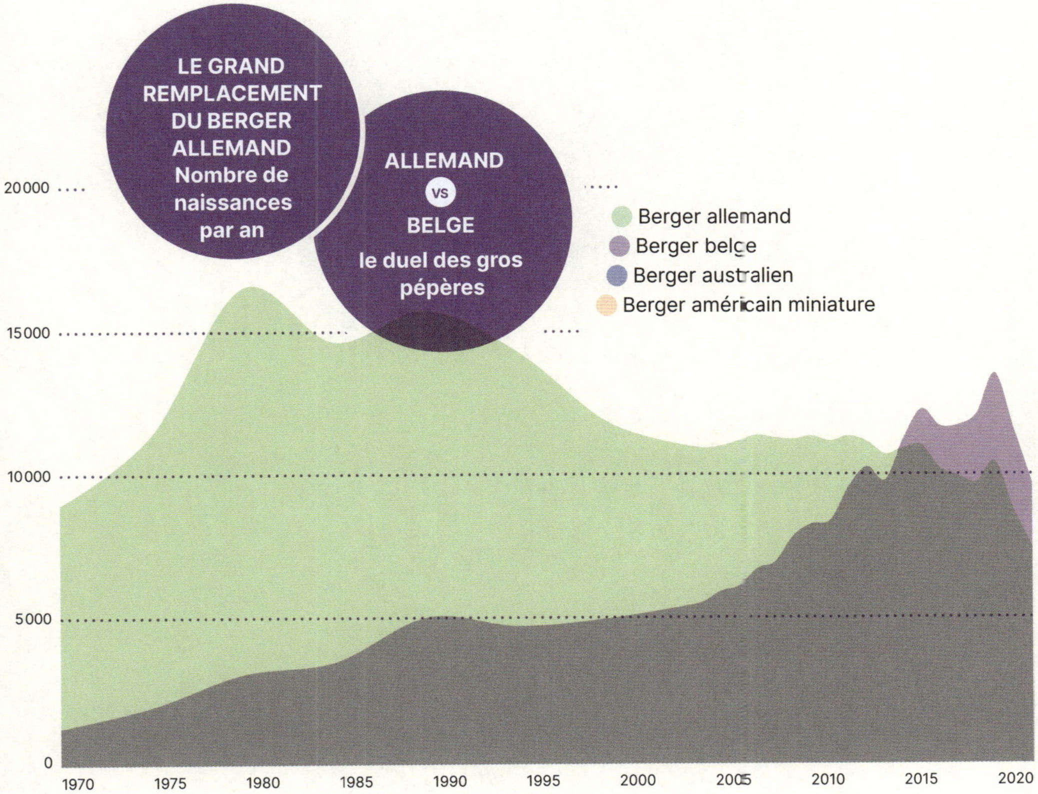

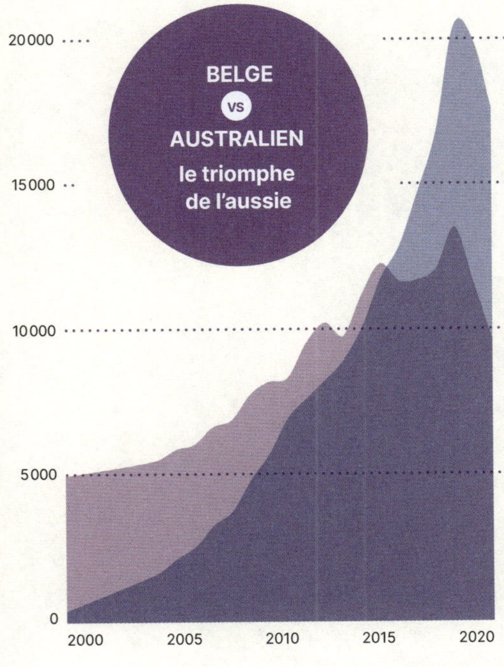

Source : Société centrale canine.

À chaque vague,
le nouveau *it-dog*
gagne des parts
de marché
plus vite que
le précédent.

Comme pour les petits chiens (du caniche au chihuahua), on voit donc apparaître sur la catégorie des bergers des vagues successives de *hypes* canines : le berger belge dépasse l'allemand, avant d'être déclassé à son tour par le berger australien… À chaque vague, on remarque tout d'abord que le nouveau *it-dog* gagne des parts de marché plus vite que le précédent. Le croisement des courbes entre les adoptions de bergers belge et allemand aura pris un demi-siècle pour se réaliser. Là où l'australien, quasi inconnu avant les années 2000, aura mis quinze ans à peine pour que ses effectifs annuels franchissent la barre des 10 000 naissances, ne laissant au belge que deux années en tête du podium des chiens préférés des Français contre… soixante-dix ans pour l'allemand !

On observe aussi un processus de miniaturisation, puisque chaque berger à la mode est plus petit que le précédent. Alors que les bergers allemand et belge, qui ont dominé les années 1990 et 2000, étaient de gros chiens, l'*aussie* est un chien moyen, mieux adapté aux attentes et à l'habitat des Français. Ce mouvement se confirme avec l'arrivée dans la famille de l'**américain miniature**. Cette version mini du berger australien séduit les citadins qui ne cèdent pas à la tendance du teckel ou du shiba, et pas seulement. Pour preuve, la voisine de ma mère sur la Côte d'Azur vient d'adopter une représentante de cette nouvelle variété, et vous aussi connaissez sûrement quelqu'un qui a craqué pour cette race à la fois belle, intelligente et attachante.

Comment l'État a fait du staffie un *it-dog*

Le gouvernement peut aussi faire évoluer les modes. Non pas en faisant la une des journaux en montrant une photo de son chow-chow, comme le Premier ministre Gabriel Attal au beau milieu d'une séance de questions à l'Assemblée nationale le 5 février 2024 (qui peut lui en vouloir ? Volta est vraiment TROP choupinette). Mais en décourageant l'adoption de certaines races par la réglementation, comme c'est le cas depuis 1999 pour les chiens dits « dangereux » (catégorie 1 et 2). Via une série de mesures très contraignantes (port de la muselière dans les lieux publics, permis de détention, assurance responsabilité civile, etc.), le maître doit témoigner d'un réel (et lourd) engagement pour détenir un pitbull (dont l'american staffordshire terrier dit « amstaff »), un mastiff (même s'il a l'air d'un gros pépère inoffensif), un tosa ou un rottweiler. Est-ce que ça a marché ? Oui. La courbe du rottweiler a dégringolé de près de 6000 naissances en 2000 à moins de 2000 en 2012.

Pour contourner les inconvénients de la catégorisation, certains maîtres se sont rabattus sur d'autres races, au look assez similaire, mais à la personnalité plus facile à dompter. Comme l'irrésistible staffie.
Il partage avec son cousin éloigné, l'amstaff, une bonne bouille de molosse, mais il n'est pas catégorisé. Par ailleurs, ce sont des bêtes adorables et douces avec les enfants. Pour toutes ces belles raisons, il est sur la troisième marche du podium des chiens préférés des Français en 2023, juste après le berger australien et le golden retriever.
Bien qu'il ne soit pas catégorisé, le doberman a lui aussi vu ses effectifs diminuer, probablement poussé par le déclin des chiens catégorisés auxquels il ressemble. Cependant, malgré ses impressionnants 40 kilos et ses 70 centimètres au garrot, il est doté de sang-froid et de self-control. Et puis c'est un chien délicat, il n'aime ni le froid ni l'humidité, ça lui fait frisquounet.

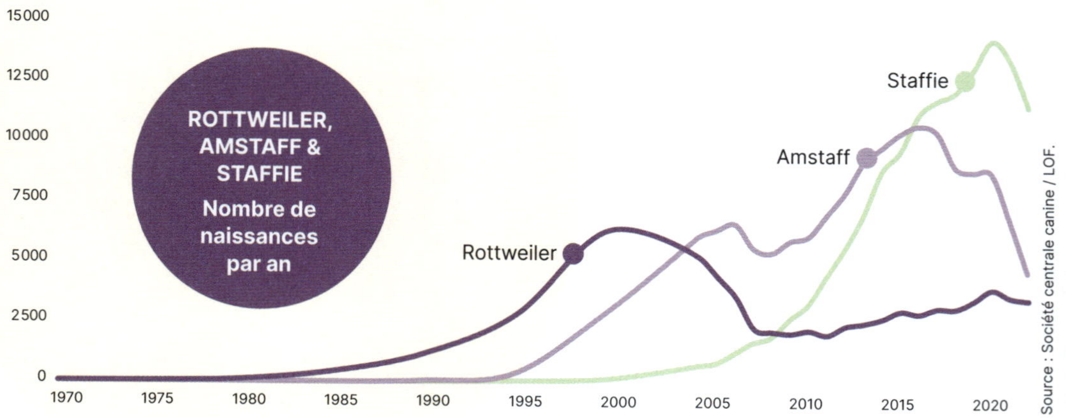

Comment le berger allemand est devenu bankable grâce à Hollywood

Très populaire dans de nombreux pays, dont la France et les États-Unis, le berger allemand a pourtant souffert d'une mauvaise réputation à cause de sa nationalité. Symbole de propagande dans l'Allemagne de la Première Guerre mondiale, puis chienne de Hitler (Blondi) durant la Seconde, on l'a boudé dans le reste de l'Europe et outre-Atlantique… Mais ce chien intelligent, travailleur, affectueux avec les enfants, malgré son apparence de gros dur, va devenir une star hollywoodienne et redorer son blason. Vous vous souvenez peut-être de *Rintintin*, une série racontant les aventures d'un jeune orphelin et de son chien dans le Far West américain. Les 164 épisodes d'abord diffusés en 1954 aux États-Unis, puis en France quelques années plus tard, vont relancer sa cote de popularité dans le monde. Rintintin a vraiment existé. Trouvé par Lee Duncan, un caporal du corps expéditionnaire américain, dans un fossé en Lorraine, pendant la Première Guerre mondiale, celui-ci le baptise du nom des petites poupées porte-bonheur offertes aux GI par les enfants français. De retour aux États-Unis, Rintintin est repéré par Darryl Zanuck, un producteur d'Hollywood, et recruté en tant que comédien. Et c'est l'un de ses petits-enfants chiens qui interprétera le rôle de Rintintin dans la série éponyme.

Les primitifs sont-ils une grosse arnaque marketing ?

Durant mon enquête, j'ai rencontré de nombreux propriétaires de chiens dits « primitifs », le plus souvent en surchemise Patagonia, New Balance aux pieds. Lorsqu'on les aborde pour parler de leur animal, ils ouvrent les guillemets avec leurs index : « Oh non mais tu sais, c'est un primitif. Il est différent », avec un petit ton supérieur. Les propriétaires de chiens les ont largement plébiscités : c'est la catégorie qui a le plus augmenté ces dernières années, selon la Société centrale canine. Il y a dix ans, la population des primitifs comptait moins de 9 000 individus. Elle a aujourd'hui plus que doublé pour dépasser 20 000 inscriptions au LOF en 2020. Le husky de Sibérie et le spitz allemand sont même dans le top 20 des chiens préférés des Français en 2023.

Dogs

Ces chiens sont-ils vraiment différents ? Le shiba inu, l'akita inu, le samoyède, le chow-chow, le husky sibérien ou le basenji du Congo auraient gardé leur instinct primaire et pourraient donc survivre si on les lâchait dans la nature. Contrairement à Toutoute qui ne sert à rien et qui se ferait bouffer en deux secondes. Ils seraient aussi très indépendants et peu affectueux. Bon alors, c'est bidon ou pas bidon cette réputation, maintenant que votre primitif est probablement originaire d'un élevage de Picardie, de Saône-et-Loire ou d'Ille-et-Vilaine ?

« Dire que les primitifs sont une arnaque, c'est un peu radical ! » Christophe Blanchard est sociologue. Également maître-chien, il s'intéresse à la question depuis de nombreuses années. « Ceux que l'on appelle les "primitifs" sont liés à une sorte d'imaginaire collectif marketé qui correspond à un retour aux origines fondamentales, à un chien originel que l'on ne connaît pas. Même s'ils répondent à des caractéristiques marketing qui évoquent le retour à la nature et l'ensauvagement, ces chiens sont des chiens, pas des loups. Ils ont été construits comme toutes les races et n'ont pas vécu dans un univers parallèle pendant 30 000 ans. » Toutefois, le spécialiste accorde qu'ils sont « plus complexes à éduquer », et qu'il vaut mieux « éviter de les mettre dans les mains de personnes qui n'y connaîtraient rien ».

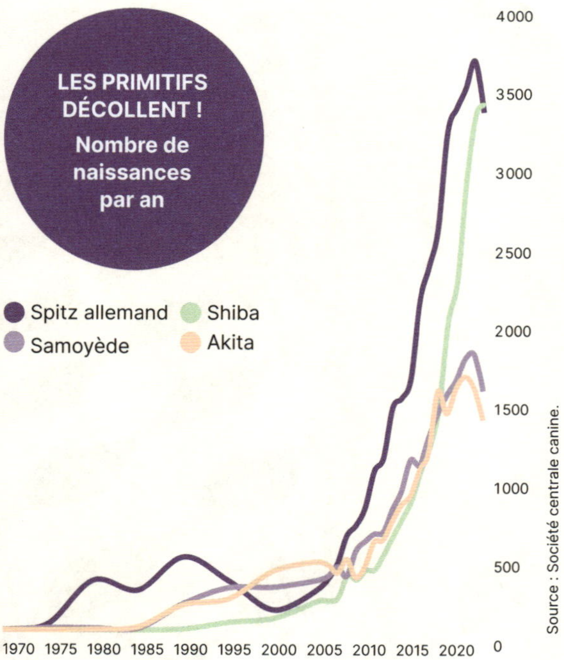

Le shiba inu marque un tournant dans la mécanique des *hypes* canines.

Le shiba inu, premier chien de la culture Internet

Impossible de parler des chiens primitifs sans s'arrêter sur le plus primitif (et donc, arrogant et snob) des primitifs… J'ai nommé, le shiba inu.

En quelques années, ce chien japonais élégant aux allures de renard est devenu une des races coqueluches des citadins, des influenceurs et des shootings de mode. On prête d'ailleurs sa célébrité dans l'Hexagone au créateur de contenu Squeezie, qui en a adopté un en 2017.

Le shiba inu marque également un tournant dans la mécanique des *hypes* canines. Après la folie des Lolcats, ces petits chats longtemps réputés pour être les plus populaires en ligne, le shiba peut être considéré comme le premier chien de l'ère Internet. Tout commence en 2010 quand la Japonaise Atsuko Sato poste sur son blog une vidéo de sa chienne, Kabosu. L'air comique de cette shiba, pattes croisées, va enflammer la toile en 2013, engendrant un phénomène en ligne mondial baptisé le « mème du doge ». Sur les forums Reddit et 4chan, ainsi que sur YouTube, les images de ce shiba se multiplient, assorties le plus souvent de phrases écrites en police Comic Sans. Kabosu devient, sans le vouloir, une star, au point d'être surnommée par certains « la Monna Lisa de l'Internet ». Ce succès n'a évidemment pas été anticipé par sa maîtresse. Cette employée d'un jardin d'enfants, bien loin de l'humour décalé des forums, avait adopté son chiot né dans un élevage de shibas ayant fait faillite pour le sauver d'une mort certaine par euthanasie.

En 2013 toujours, surfant sur la vague du « doge », deux développeurs créent le « dogecoin », une monnaie virtuelle basée sur la blockchain. Cette fameuse monnaie n'a pas vocation à prendre de la valeur. Sauf qu'en 2023 un tweet d'Elon Musk va faire monter la cote du dogecoin. Lorsqu'il rachètera Twitter, le fondateur de SpaceX remplacera même brièvement le logo en forme d'oiseau bleu en faveur d'une gueule de shiba. La même année, Mme Sato vend la photo initiale qui a déclenché la folie du shiba sous forme de NFT, sorte de certificat d'authenticité numérique, pour plus de 4 millions de dollars à une communauté de collectionneurs et artistes numériques. Une communauté internationale de fans de la petite shiba a créé en 2023 le « Doge Day ». Une statue à l'effigie de la chienne a même été inaugurée à Sakura, sa ville d'adoption. En mai 2024, alors que j'écrivais ces lignes, la mort de Kabosu a déclenché une vague mondiale de réactions et a ému les nippocaniphiles, ces gens qui aiment à la fois le Japon et les chiens, et ça fait beaucoup de monde.

LA PHOTO QUI A DÉCLENCHÉ LA FOLIE DU SHIBA A ÉTÉ VENDUE POUR PLUS DE 4 MILLIONS DE DOLLARS.

En France, ce petit chien doit beaucoup à la vague nippophile dont le youtubeur Squeezie est un ambassadeur. Dès les années 1990, les premiers dessins animés japonais apparaissent à la télé (au Club Dorothée) – *Les Chevaliers du Zodiaque*, *Olive et Tom*, puis *Ranma ½*, amorçant la tendance nippone. Quelques années plus tard, chez les petits frères et sœurs de ceux qui regardaient le « Club Do' », c'est *Naruto* ou *Fairy Tail* qui prennent le relais. Même Léna Situations (l'influenceuse la plus suivie de France) se balade sur les shootings une BD *One Piece* à la main. Produits dérivés, festivals de manga, cosplay (cet art de se déguiser comme ses héros de manga préférés), le Japon fait des émules chez les jeunes Français des années 2000 et 2010, comme les États-Unis pour les générations précédentes qui ont regardé *Beverly Hills* ou *Notre Belle Famille*.

La courbe des adoptions de shiba grimpait déjà en France depuis le début de la décennie 2010. Et Squeezie accélère encore le phénomène quand il s'envole pour le Japon en 2017 pour aller chercher Natsu. La première vidéo des aventures du créateur avec son chiot est visionnée près de 4 millions de fois en une journée et suscite plus de 30 000 commentaires. Le vidéaste crée le compte de Natsu sur Instagram et X (et il a beaucoup plus de *followers* que vous). Aujourd'hui, le shiba comptabilise plus de 650 000 *followers* sur Instagram.

Squeezie a accéléré le phénomène du shiba.

Autre chien japonais mythique de la famille des primitifs, le grand akita inu, aux allures de loup, a connu un succès grandissant à partir de la décennie 2010. Comme le shiba avec Kabosu, l'akita a sa propre légende urbaine grâce à Hachikō, un chien qui accompagnait son maître à la gare de Shibuya à Tokyo tous les matins. Après la mort de celui-ci, le chien a continué à attendre son retour de la gare pendant neuf ans. Hollywood ne pouvait évidemment pas rester indifférent à cette belle histoire : en 2009, le film *Hatchi* interprété par Richard Gere mettra le akita inu sur le devant de la scène, contribuant à sa notoriété.

HUSKY DE SIBÉRIE : L'EFFET REBOND DE *GAME OF THRONES*

Parmi les primitifs, si le shiba fait figure de petit renard, le husky est apprécié pour son physique de chien-loup. Il a d'abord connu une vague de succès incroyable avec *Croc-Blanc* en 1991. Interprété par Ethan Hawke, le film a fait exploser la race à sa diffusion[11]. Sans oublier la vogue de tee-shirts noirs délavés – votre cousin en avait forcément un – avec un husky se détachant sur la pleine lune. Après le cinéma, rebelote avec la génération des plateformes de streaming. *Game of Thrones* aura été pour le husky de Sibérie l'équivalent des *101 Dalmatiens* pour… les dalmatiens. Après avoir suivi les aventures de la famille Stark pendant huit saisons sur la chaîne de télévision américaine HBO dans les années 2010, les fans ont voulu adopter en masse ce qu'ils pensaient être l'équivalent domestique des chiens-loups de la série. Problème : celui-ci nécessite une éducation exigeante avec plusieurs heures de balade par jour. Résultat : les abandons ont explosé. Rien qu'au Royaume-Uni, certains refuges ont accueilli 700 % de huskies de plus en 2014[12] comparé à 2011, date du début de la diffusion de la série. Peter Dinklage, qui interprète Tyrion Lannister, est carrément venu prêter main-forte aux canidés, exhortant les fans à se questionner quant à leur capacité à élever un chien de cette envergure.

L'histoire aurait pu s'arrêter là si le husky n'avait pas donné… le pomsky.

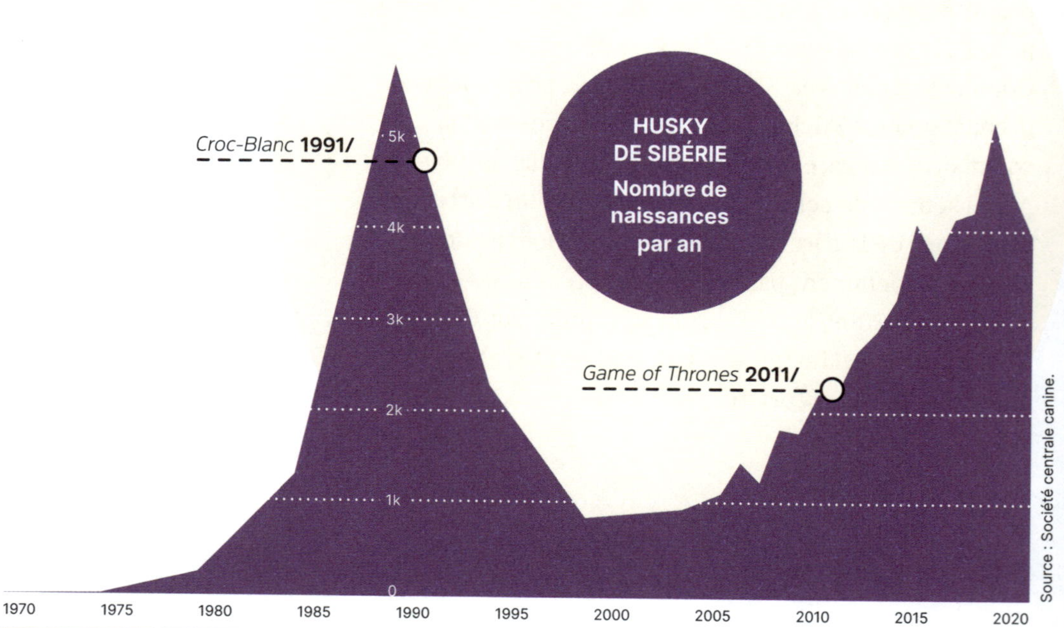

[11] Bien qu'il s'agisse dans le film d'un malamute de l'Alaska. [12] Dianne de Guzman, "*Game of Thrones* likely to blame for bump in unwanted huskies in Bay Area, groups say", SFGATE, 24 juillet 2017.

L'HISTOIRE
AURAIT PU
S'ARRÊTER LÀ
SI LE HUSKY
N'AVAIT PAS
DONNÉ…
LE POMSKY.

Labradoodle, cockapoo ou aussiedoodle :

Los Angeles > USA

avez-vous besoin d'un chien hypoallergénique ?

C'est dimanche, jour de brunch à L.A. Je suis invitée dans la famille parfaite : les Abecassis. La maison de Barbara et David, immense, moderne et décorée avec goût, est parfaite elle aussi. Leurs enfants, polis et bilingues français-anglais, ont chacun un talent : le premier est champion de foot, il hésite entre une carrière aux États-Unis ou en Europe ; le deuxième peint, et le troisième… il applaudit. Même le brunch est parfait, à base de saumon fondant et de gâteau au chocolat « sans gluten ni sucre » vraiment délicieux. Je m'apprête sérieusement à les détester (mais, non, impossible, car en plus ils sont *parfaitement* sympas), quand j'aperçois le chien parfait : Louis, le labradoodle. Élégant, élancé, frisé mais pas trop, son joli pelage est d'un blanc immaculé.

« Il a quand même tendance à aboyer, me fait Barbara.

– Bon écoute, Barb', en même temps ça me rassure, tout cela commençait à me sembler trop parfait, j'avais peur que vous soyez des robots. » Non, je n'ai absolument pas dit ça. J'ai juste fait « mmm », la bouche pleine de saumon. Les gens parfaits aussi ont des problèmes.

VOTRE CHIEN EST-IL UNE TOMATE OGM ?

Une chose m'a sauté aux yeux à L.A. : une invasion de gros caniches. Il y en a partout ! Vous vous souvenez peut-être de Blu, l'aussiedoodle de Judy ; au brunch, un labradoodle ; ici un goldendoodle. Mais qui sont tous ces « doodles », ces chiens croisés avec des caniches (« *poodle* » *in english*), mais qui ne ressemblent à rien de connu ?

Après les chiens blockbuster du cinéma, après les *it-dogs* des années 2000, voici venus les *designer dogs*, ou l'ère du chien hypercustomisé. Ces variétés sont au chien ce que la « *collab'* » est à la mode ou le « *featuring* » à la musique : deux artistes/marques croisent leurs univers pour créer des collections exclusives ou de nouveaux morceaux. Lorsque Victoria Beckham, ex-Spice Girl et créatrice d'une marque de prêt-à-porter, travaille avec la marque de *fast-fashion* Mango, ça donne une collection exclusive éphémère. Un *designer dog*, chien de créateur ou encore *premium pet*, c'est pareil. On croise deux « pures races » entre elles pour en créer une nouvelle, comme le labradoodle ou le aussiedoodle. Ces croisements stratégiques sont censés créer des combinaisons de caractéristiques idéales. « Une arnaque, selon Alexandre Balzer, président de la Société centrale canine. Le chien de première génération est en général très joli. Sauf qu'on ne sait pas à quoi vont ressembler les générations suivantes, ni si le caractère et l'apparence vont se conserver. »

Tout a commencé en Australie. Dans les années 1980, Wally Conron travaille pour l'association de chiens guides de l'État de Victoria, tout au sud du pays. L'intention est bonne : il veut aider une femme aveugle dont le mari est allergique aux poils de chien. Il trouve une solution : croiser un labrador, chien guide par excellence, avec un caniche dont le pelage est moins allergène. De cette fusion naissent trois chiots. Il envoie Sultan, le premier, à Hawaï, où réside la dame. Que faire des deux autres ? Plutôt que de parler de croisement, il invente le terme « labradoodle », beaucoup plus vendeur. Sans attendre, la notoriété de ce chien guide explose. Complètement dépassé par les événements, le créateur se repent presque aussitôt quand il comprend que cette fusion génère des problèmes héréditaires. Il dira même qu'ils sont « fous ». Le malaise.

Mais c'est déjà trop tard. Dans la foulée, une flopée de nouveaux *designer dogs* voient le jour comme le saint-berdoodle – né de la fusion du saint-bernard et du caniche – à l'apparence d'une grosse peluche ; le goldendoodle, croisé golden retriever et caniche, dont le caractère affectueux du premier et la fourrure non pelucheuse du second en font un chien très recherché ; ou encore le cockapoo, le puggle, le bullypit, etc. On pourrait en citer de nombreux autres comme le chug (chihuahua et pug), le schnoodle (schnauzer et caniche), le jack-a-poo (Jack Russell terrier et caniche), le springerdoodle (springer spaniel et caniche), ou encore le cava tzu (Cavalier King Charles et shih tzu). De là à dire que ces chiens sont aux animaux ce que la tomate OGM est à nos légumes... Je vous laisse tester vos connaissances avec le petit jeu page suivante.

INVASION DE GROS CHIENS CROISÉS AVEC DES CANICHES. IL Y EN A PARTOUT !

jeu

Saurez-vous deviner quels croisements ont engendré ces *designer dogs* ?

Labrador ○	Caniche ○	○ Labradoodle
Dachshund (Teckel) ○	American pit ○	○ Yorkipoo
Bouvier bernois ○	Yorkshire ○	○ Jug
Cavalier King Charles ○	Caniche ○	○ Chorkie
Husky de Sibérie ○	Loulou de Poméranie ○	○ Cavapoo
Yorkshire ○	Caniche toy ○	○ Dorgi
Golden retriever ○	Caniche ○	○ Dachsador
Carlin ○	Beagle ○	○ Puggle
Cocker ○	Cocker ○	○ Mini-saint-bernard
American bulldog ○	Caniche ○	○ Bullypit
Carlin ○	Jack Russell ○	○ Bernedoodle
Chihuahua ○	Caniche ○	○ Goldendoodle
Saint-bernard ○	Yorkshire ○	○ Pomsky
Dachshund (Teckel) ○	Labrador ○	○ Cockapoo
Shih tzu ○	Corgi ○	○ Shorkie

RÉPONSES Labrador + Caniche = Labradoodle 🐾 Bouvier bernois + Caniche = Bernedoodle 🐾 Husky de Sibérie + Loulou de Poméranie = Pomsky 🐾 Yorkshire + Caniche toy = Yorkipoo 🐾 Golden retriever + Caniche = Goldendoodle 🐾 Carlin + Beagle = Puggle 🐾 Saint-bernard + Cocker = Mini-saint-bernard 🐾 Cocker + Caniche = Cockapoo 🐾 American bulldog + American pit = Bullypit 🐾 Cavalier King Charles + Caniche = Cavapoo 🐾 Carlin + Jack Russell = Jug 🐾 Chihuahua + Yorkshire = Chorkie 🐾 Dachshund + Labrador = Dachsador 🐾 Dachshund + Corgi = Dorgi 🐾 Shih tzu + Yorkshire = Shorkie

3

Géné~ ration dog parents

La nouvelle place des chiens dans nos vies

Toutoute est-elle ma fifille chien ? Est-elle HPI ? Dois-je l'éduquer selon les principes de l'éducation positive ? Doit-elle devenir féministe pour combattre la charge mentale de la croquette ? Dans cette partie, j'interroge la place du chien au sein des foyers dans lesquels il est parfois le premier (et unique) enfant. Car curieusement, les *dog parents* se posent souvent les mêmes questions que les parents tout court !

Alors, faut-il compter jusqu'à trois avant de lancer la baballe ?

DOG
MOM

Comment les *millennials* ont ringardisé la mémère à chien

C'est la golden hour à Long Island City. Séparé de l'effervescente Manhattan par l'East River, le quartier profite d'une vue imprenable sur les gratte-ciel de la Grosse Pomme. Ses berges aménagées et ses microbrasseries artisanales, le long de Vernon Boulevard, en font un coin aéré, calme et agréable à vivre où se bousculent aujourd'hui poussettes, joggeurs et chiens en laisse. Certains locaux vous diront que Long Island City est au Queens ce que Williamsburg est à Brooklyn : un ancien quartier industriel devenu bobo. Le Covid a fini de sceller la gentrification du quartier où les habitants en mal d'espace se sont expatriés, dans des maisons plus abordables (mais pas données quand même).

C'est le cas de Jackie, son mari Martin et leurs deux carlins : Butter et Potato[13]. Je rencontre la petite famille juste en dessous du néon géant Pepsi-Cola rouge, vestige de l'usine aujourd'hui fermée, le long du fleuve. Butter est absent. Au dire de Jackie, il n'est pas sortable : « Il a tendance à se rouler dans son *poop.* » Malgré ce trait de caractère, le couple adore ses deux *pugs*, comme on les appelle aux États-Unis. C'est le mari, cadre dans la finance, qui a insisté pour avoir cette race de chien lorsque le couple a déménagé. Potato vient d'un élevage très réputé à la frontière du New Jersey et de la Pennsylvanie où il a bénéficié d'une « fabrication de qualité ». Il fait un froid de canard en ce début janvier à New York, mais heureusement, Potato est équipé : son petit gilet doublé moumoute lui tient chaud. Alors que le carlin renifle le derrière de Princeton, un caniche qui passait par là, Jackie sort un sac de carottes épluchées et découpées de chez Trader Joe, l'équivalent local de Auchan ou Carrefour, pour détourner son attention. « Il adoooooooore », me certifie Jackie, alors qu'elle lui fait prendre la pose pour la photo, un bout de légume entre le pouce et l'index. Avec ses petites oreilles rabattues sur son crâne, ses yeux légèrement exorbités mais tombants, et son absence de cou, Potato, c'est E.T. en version dodue. Mais pour la petite famille, ce n'est pas un personnage de science-fiction, il ne « téléphone pas maison » : c'est un véritable membre de la famille, leur enfant chien. D'ailleurs, Butter et Potato figurent sur la carte de vœux envoyée tous les ans à leurs proches.

Comme de nombreuses familles aux États-Unis, en France et partout dans le monde, Jackie et Martin n'ont pas d'enfants, mais des chiens. Alors que la famille et le couple s'émancipent progressivement du modèle traditionnel, un mouvement porté par la génération Z et les *millennials* prend son envol : celui des « *pet parents* » ou « parents chiens ». Cette nouvelle catégorie alloue aux animaux de compagnie une place centrale dans le foyer. Elle ne se considère plus comme propriétaire ou maîtresse de son animal, mais plutôt comme son *chief happiness officer*, le ou la « responsable du bonheur » de son chien, pour reprendre le langage de la *start-up nation.*

[13] Beurre et Pomme de terre.

Mais au fait, c'est quoi un *pet parent* ?

Si nos toutous sont aussi stylés et que l'on assiste à un renouvellement du profil de maîtres, c'est que le mouvement qui a fait glisser nos chiens de la niche au canapé, selon l'expression du sociologue Christophe Blanchard, puis du canapé à la poussette, est avant tout un phénomène générationnel, avec un point de bascule étonnant au début des années 2010. « L'âge, le lieu de vie et la taille du foyer sont des critères clés dans la possession d'un animal de compagnie, explique Sébastien Lefebvre, maître de conférences en alimentation et nutrition animale chez VetAgro Sup. Le profil des possesseurs de chiens montre une exceptionnelle corrélation avec l'âge (plus on est jeune, plus on en a) et le lieu de vie (moins on est urbain, plus on en a), rapporte-t-il encore. Les Français en maison ou avec un jardin ou une terrasse sont deux fois plus nombreux à avoir un chien ou un chat que ceux qui habitent en appartement ou dans un logement sans extérieur. »

ME
YOUR
TREATS

Mais l'info la plus importante, et probablement celle qui m'a fait faire le *toutour* du monde, est la suivante : « Avant, on se mettait en couple, on achetait une maison, on faisait des enfants, puis dans la foulée on avait un labrador. Aujourd'hui, la situation s'est inversée. On a d'abord un chien, ensuite on a des enfants », analyse Sébastien Lefebvre.
« Dans les années 2000, la catégorie de la population qui avait le plus d'animaux de compagnie était les 35-54 ans, suivis par les moins de 35 ans et les seniors, presque à égalité. Mais vers 2014, ces courbes se sont complètement inversées. » Désormais, ce sont les personnes de moins de 35 ans qui ont le plus fréquemment un animal de compagnie, les *millennials*, suivis par les 35-54 ans. Et, contrairement à ce que l'on pourrait penser, les seniors et retraités, la catégorie des plus de 55 ans, a complètement chuté et représente à peine plus de 16 % des possesseurs de chiens.

« Avant, on faisait des enfants, puis on avait un labrador. »

Pour en arriver à cette conclusion capitale, Sébastien Lefebvre a décortiqué les chiffres récoltés par la Fédération des fabricants d'aliments pour chiens, chats, oiseaux et autres animaux familiers (Facco). Cet interlocuteur est très important en France, car il regroupe les producteurs de 98 % du volume de la nourriture animalière dans l'Hexagone, avec des acteurs comme Purina, Royal Canin ou Mars Petcare. Depuis plus de vingt ans, la Facco réalise une étude[14] auprès de 10 000 personnes représentatives de la population, dans le but de mieux comprendre ses clients, les propriétaires d'animaux de compagnie.

[14] Source : Baromètre Facco-Odoxa 2024, d'abord publié tous les deux ans, et annuellement depuis 2023.

Autre enseignement capital de Sébastien Lefebvre : l'adoption d'un chien par un jeune couple semble être un indicateur de l'arrivée d'un enfant dans les un an et demi, deux ans qui suivent. Donc les chiens ne sont pas nécessairement un substitut d'enfant, mais peuvent en être un signe avant-coureur, ce qui pourrait rabattre le caquet aux mauvaises langues qui prédisaient dans les médias un remplacement d'enfants humains par des enfants à fourrure.

À ce moment de l'enquête, je l'avoue, je jubile. Car, chiffres à l'appui, cette bascule générationnelle explique quasi à elle seule le changement de statut du chien dans nos vies : si on a déjà une maison, une famille, des enfants, le toutou est la cerise sur la croquette. Mais si on n'a rien de tout cela, le chien occupe alors une nouvelle place jamais vue dans l'existence de ceux que l'on commence à surnommer les « *dog parents* ».

« AUJOURD'HUI, ON A D'ABORD UN CHIEN, ENSUITE ON A DES ENFANTS. »

Comment appelle-t-on les *dog parents* dans le monde ?

Comment nommer cette nouvelle génération qui aime et choie sa quasi-progéniture canine ? Comment qualifier les « parents » de chiens ? Et quels noms donner à leurs toutous ?

Pet parents, dog mum ou *dog dad*

Aux États-Unis, une écrasante majorité (97 %) des propriétaires d'animaux de compagnie considèrent ceux-ci comme un membre de la famille[15]. C'est de là que nous vient le terme « *pet parent* », *pet* désignant un animal de compagnie.
Les pays anglo-saxons, en plus de l'Inde – ancienne colonie britannique où l'anglais est la deuxième langue officielle –, ont majoritairement adopté les termes *dog parents*, *dog mum* et *dog dad*. **Ces expressions semblent aussi arriver en France.** L'auteure et vétérinaire Hélène Gateau se qualifie de « *dog mum* ». Moi aussi, d'ailleurs.

Perrhijos chez les hispanophones

Au Mexique ou en Espagne, on utilise « *perrhijos* » (contraction de chien, « *perro* », et enfant, « *hijo* » en espagnol) ou « *gatijos* » (même chose, mais pour les chats). Les Mexicains sont d'ailleurs fous de leurs 80 millions de « *mascotas* » – animaux de compagnie – toutes catégories confondues. 57 % d'entre eux ont un chien et, selon l'Insee local, la grande majorité des familles ayant un animal de compagnie ressentent de l'empathie pour lui. Donnée amusante : **on sait que le pays compte plus de chiens (44 millions) que d'enfants de moins de 14 ans (25,2 millions).** Rien qu'à Mexico, on en dénombre 6,4 millions. Si vous croisez une personne dans les rues de la capitale, vous avez plus d'une chance sur deux qu'elle ait un chien ! En Amérique du Sud, le taux de propriétaires d'animaux de compagnie monte à 82 % en Argentine, et 76 % au Brésil.

Furry family et paw parents

Une étude datant de 2008[16] a introduit pour la première fois le concept de *furry families*, les « familles à fourrure », pointant **l'importance affective croissante des animaux de compagnie au sein du foyer, les « enfants à fourrure »**. Le concept se décline avec « *fur mum* » ou « *fur dad* », mère et père « à poils », si l'on peut dire. Et pour ceux qui connaissent la série d'animation *Pat Patrouille* (*PAW Patrol* en anglais) où toute une galerie de chiots vit des aventures incroyables, vous vous amuserez du concept de « *paw parents* », ou « pattes parents », à l'origine de nombreuses déclinaisons amusantes comme « *paw-ternity* » (« patte-rnité ») revendiqué par les *dog parents* sur les réseaux sociaux.

DINKWADs et Rich person's dog sur les réseaux sociaux

Les réseaux sociaux ont développé leur propre vocabulaire pour désigner les *pet parents*. Un billet du *New Yorker*[17] de mars 2024 mentionne la tendance – de niche si l'on peut dire – « *Rich person's dog* » ou « personne riche avec un chien », s'inscrivant pile entre celle de la « *tradwife* », l'épouse à l'ancienne, qui attend son mari à la maison en lui cuisinant de bons petits plats, et celle du *quiet luxury*, le « luxe discret » qui consiste à payer très cher des vêtements très basiques, comme dans la série *Succession*. Sur TikTok, on retrouve les DINKWADs. Cet acronyme désigne les *Dual Income No Kids With a Dog* (« personnes avec deux revenus, sans enfants et avec un chien »). **Ces couples friands d'hédonisme dépensent sans compter pour leur progéniture canine.** Cette tendance s'inspire des DINKs, « personnes avec deux revenus, sans enfants ». En 1987, le *Time Magazine* leur consacrait un article savoureux intitulé "*Living Here Come the DINKs*" où l'on pouvait lire : « Les membres de cette espèce nouvellement définie peuvent être aperçus après 21 heures dans les épiceries fines vêtus de Burberry. Sur le parking, ils se glissent dans leur BMW [...] avant de filer vers leur maison d'architecte en banlieue. Après avoir chaleureusement accueilli Rover (souvent un akita ou un golden retriever), ils s'assurent que le service pour chiens a bien livré sa nourriture nutritionnelle. [...] Ils prospèrent dans les banlieues les plus chères ainsi que dans les quartiers urbains embourgeoisés. » Suivez mon regard !

[15] "About half of U.S. pet owners say their pets are as much a part of their family as a human member", Pew Research Center, 2023. [16] Emma Power, "Furry Families: Making a Human-Dog Family Through Home", *Social & Cultural Geography*, 2008. [17] Sara K. Runnels, "Beyond Mob Wife: The Next Wave of Aesthetic Trends", *The New Yorker*, 21 mars 2024.

Selon la science, votre chien est (un peu) votre enfant

S'il y a bien quelque chose que je partage avec les *pet parents* du monde entier que j'ai rencontrés, c'est cette sensation que Toutoute est ma fifille chien. Je suis consciente que ce n'est pas un être humain, mais dès l'instant où l'on m'a mis Toutoute sur le cœur, j'ai juste reçu un shot incroyable d'amour. Cette déflagration a été si foudroyante, inattendue, immédiate et irrationnelle que j'ai été sidérée. J'ai aimé immédiatement cette petite boule chaude, fragile, minuscule et incroyablement belle, à tel point que j'ai vu des arcs-en-ciel se dessiner dans l'air. C'était une journée abominable de chaleur. J'avais pris le train le matin direction Sin-le-Noble chez son éleveur, à côté de Valenciennes, dans le nord de la France. Comme moi, Toutoute est ch'ti, car je suis originaire de Lille. Cette expérience quasi mystique m'a profondément questionnée sur notre attachement à nos animaux. Toutoute a changé ma vie et même ma carrière professionnelle. Pour elle, je me suis fait tatouer son nom sur l'avant-bras, j'ai imaginé ce projet de livre et j'ai fait le tour du monde.

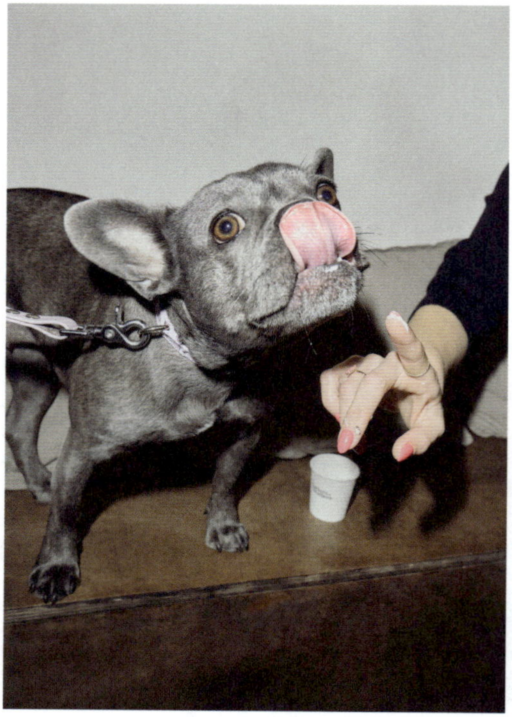

YOUR
TREATS

Comme une femelle sur quatre et un mâle sur trois[18], Toutoute a un nom d'humain, car elle s'est d'abord appelée Sally. J'ai ensuite glissé vers « Toutoute Sally », probablement en écho à mon enfance dans le Nord où on appelle un chien un *kien* et une femelle une *toutoute*. Entre les Myrtille, Simone et Jacques Croissant du caniparc, je pensais être la plus originale de la place parisienne. J'ai seulement été rattrapée par mes racines venues s'enrouler doucement autour de ce nouvel amour. Quelques semaines plus tard, j'ai perdu tout espoir de garder une quelconque dignité en public en dérapant vers « titi namour », « mon saucisson à l'ail », « mon arc-en-ciel des îles », « mon namour de ma vie » et « mémère pupuce ».

« mon saucisson à l'ail », « mon namour de ma vie », « mémère pupuce. »

Cet amour inexplicable, des personnes de tout âge, de toute appartenance sociale, ethnique, culturelle, des grands costauds, des petits, des végans, des rêveurs, des rationnels, des omnivores, des sportifs, des intellos, des présidents de la République, des ouvriers, des Français, des Américaines, des Mexicains, des Coréennes, des Indiens : partout dans le monde, des personnes humaines l'ont ressenti. Malgré nos différences superficielles, les propriétaires de chien ont quelque chose en commun : un amour inconditionnel pour leur animal.

[18] Rover.com

D'un point de vue purement technique, tous vous le diront : l'arrivée d'un chien est assez proche de celle d'un enfant (excepté la péridurale). J'ai accueilli Toutoute dans son petit parc tapissé d'alèses, car au début un chien fait pipi partout. J'ai rassuré cette petite bête, apeurée d'avoir quitté la meute. Puis il a fallu l'éduquer : « Ne mords pas le canapé, voyons, ma chérie, ça ne se fait pas. » « Je te préviens, je compte jusqu'à trois pour que tu lâches cette pantoufle. » Il a fallu aussi la soigner, l'emmener chez le vétérinaire et y dépenser beaucoup d'argent. Pour Toutoute, c'est devenu l'une de mes activités régulières, compte tenu du fait qu'elle a des hémivertèbres qui lui coincent les nerfs et occasionnent de terribles douleurs de dos, qu'elle avale des choses qui ne devraient pas finir dans un estomac (comme des câbles électriques), et qu'elle a les genoux luxés. J'ai même eu le « *puppy blues* », ou le blues du chiot. Dépassée par la montagne soudaine de responsabilités, je nous ai fait une déprime. Des chercheurs affiliés à l'université de Helsinki[19] ont d'ailleurs mis en évidence ce phénomène auprès de 2 000 parents de chiens. Quelque 10 % d'entre eux ont ressenti de l'anxiété, de la frustration et de l'épuisement après l'adoption. « Cela correspond à la prévalence de la dépression postnatale », déclare Hannes Lohi, professeur en sciences biovétérinaires.

Passés ces premiers moments d'angoisse, il a fallu s'occuper de la garde-robe de Toutoute. La laisse et le collier, évidemment. J'essaie toujours de justifier l'achat de son manteau doublé moumoute pour l'hiver (elle avait froid), de son pull Burberry et de sa Toutounière, cette petite marinière pour chien de la marque Saint James (mise une fois). Il a *fallu* lui offrir des cadeaux pour Noël et pour son anniversaire, comme le font 70 % des propriétaires de chiens. Enfin, lui administrer de nombreux câlins. Au moins trente minutes le matin et deux heures le soir.

---

[19] Hannes Lohi, "A dog's puppyhood can cause 'puppy blues' reminiscent of baby blues", *ScienceDaily*, 28 juin 2024.

TOUT CELA
EST-IL SUFFISANT
POUR JUSTIFIER
LE REMPLACEMENT
D'UN ENFANT PAR
UN CHIEN ?

TOUTOUTE EST-ELLE
VRAIMENT MON
ENFANT CHIEN ?

Un chien plutôt qu'un enfant

Avec son ouvrage *Pourquoi j'ai choisi d'avoir un chien (et pas un enfant)*[20], Hélène Gateau a levé un tabou. L'auteure a interrogé les liens qui l'unissent à Colonel, son border terrier très mignon (et bien éduqué, lui). Par choix, cette vétérinaire n'a pas d'enfant, mais elle confie volontiers que Colonel a comblé une forme d'instinct maternel. Pour expliquer ce qui pourrait avoir l'air d'un paradoxe, l'auteure retrace les plus récentes et prépondérantes découvertes scientifiques quant à notre attachement physique et psychique à nos chiens. Elle cite notamment les conclusions de chercheurs japonais, qui ont une longueur d'avance sur les tendances, *dog parenting* compris. En 2008 puis en 2015[21], ils ont mesuré des pics d'ocytocine, l'hormone « de l'amour et de l'attachement », chez l'homme et chez l'animal dans leurs urines respectives après un échange de regards. Hélène Gateau résume ce lien de la manière suivante : « Plus on s'aime, plus on se regarde longtemps. Plus on se regarde longtemps, plus on s'aime. » Ce mécanisme se retrouve lorsqu'une maman regarde son bébé, et inversement. Des chercheurs américains ont aussi montré que de nombreuses zones des hémisphères du cerveau impliquées dans les émotions, la récompense, l'affiliation, le traitement visuel et les interactions sociales se sont activées de manière similaire lorsqu'une mère regardait son enfant ou son chien.

« Plus on s'aime, plus on se regarde longtemps. Plus on se regarde longtemps, plus on s'aime. »
Hélène Gateau

D'autres interactions positives entre les chiens et leurs maîtres ont été mises en évidence. « Les caresses, les mots doux ou la simple proximité physique » agissent sur « une série d'autres hormones et neuromédiateurs » comme la dopamine, indispensable au circuit de récompense et de plaisir ; d'autres molécules facilitent la mémorisation par le chien de la voix, l'odeur et le physique de « l'être aimé », ou encore diminuent le stress et augmentent la sensation de bien-être.

Pour prouver que Toutoute est bien ma fifille chien, j'ai moi-même voulu faire pipi dans un pot et scanner nos cerveaux respectifs. Amusé par l'expérience, un médecin était d'accord pour me faire l'ordonnance. « Les labos ne feront pas la différence entre de l'urine humaine et canine », m'a-t-il affirmé. D'accord. Mais le protocole était complexe : il aurait fallu que Toutoute soit séparée de moi pendant un certain temps, que nous fassions toutes les deux pipi avant de nous voir, puis à nouveau juste après. Il aurait aussi fallu que Toutoute ne croise personne pendant ce laps de temps, car l'ocytocine mesurée aurait alors pu correspondre à la rencontre avec d'autres humains, comme son *dog dad*, qu'elle aime quand même pas mal (mais moins que moi). Quant à faire scanner nos hémisphères, on m'a annoncé qu'il fallait qu'elle reste immobile pendant vingt minutes. J'ai éclaté de rire, laissant tomber immédiatement l'idée. Toutoute n'obéit à rien du tout et elle est bien incapable de rester immobile, surtout si on le lui demande. Bref, ces expériences étaient bien trop complexes à mener, d'autant qu'elles étaient finalement inutiles, l'attachement d'un chien à son maître n'étant plus à prouver.

[20] Hélène Gateau, *Pourquoi j'ai choisi d'avoir un chien (et pas un enfant)*, Albin Michel, 2023.
[21] Coll., "Oxytocin-gaze positive loop and the coevolution of human-dog bonds", *Science*, 17 avril 2015.

Ensuite, nos chiens nous ressemblent physiquement, en partie car nous les choisissons à notre image. Par exemple, une expérience menée à San Francisco au début des années 2000[22] a montré que des participants étaient capables de relier une photo de chien à celle de leur maître, sans qu'ils se connaissent ni l'un ni l'autre. Nous avons aussi tendance à choisir un animal avec les mêmes traits de personnalité que nous. Une étude amusante de 2022[23] réalisée par des clubs canins britanniques a comparé la personnalité des chiens avec celle de leur propriétaire en s'appuyant sur la théorie du *Big Five*, bien connue des spécialistes du recrutement, qui vise à mesurer plusieurs caractéristiques chez les humains comme l'extraversion, l'ouverture d'esprit, l'agréabilité ou la stabilité émotionnelle. Vous êtes loyal et fidèle ? Il est probable que vous choisissiez un Jack Russell. Vous êtes charmant, vif mais aussi exubérant ? Alors vous êtes plus susceptible d'adopter un border terrier. Les propriétaires des golden retrievers ont été classés comme les plus heureux et les plus positifs. Et chez les maîtres de staffies, on se classe parmi les plus affectueux. Bref, nous choisissons inconsciemment des races de chiens dont la personnalité correspond à la nôtre. En résumé, nos chiens sont une sorte de « mini nous ». Ce qui fait beaucoup de points communs avec un enfant… Mais pas de conclusion rapide !

NOS CHIENS SONT UNE SORTE DE « MINI NOUS ».

[22] Stanley Coren, "Do People Look Like Their Dogs?", *Anthrozoös*, 1999. [23] "Curious Cocker Spaniel and loyal Jack Russell owners: Research reveals what dog breed choices says about an owner", Thekennelclub.org, 2022.

Du loup au Puppuccino, une (brève) histoire de la relation homme-chien

Avant de boire des Puppuccinos avec supplément sardine au *concept store* canin du coin, les chiens bossent pour nous : ils nous protègent, aboient pour prévenir du danger, sont encore utilisés en Belgique et dans le nord de la France dans des attelages.
Petit retour en arrière (en mode accéléré). L'histoire commence il y a des milliers d'années, entre 33 000 et 15 000 ans avant J.-C., selon les experts qui ne sont pas d'accord entre eux, comme souvent. Les loups avaient la dalle, car c'était très dur de chasser sa nourriture et les épiceries de quartier n'existaient pas. Au loin, ils ont vu des humains et se sont dit : « Tiens, si on mangeait leurs restes ? »
De notre côté, on s'est dit : « Tiens, c'est pratique, ils aboient après les ours. » Les deux parties ayant le sens du business, un deal a été scellé. Bon, soyons honnêtes : nous avons rejeté les loups les plus agressifs (ils ne sont donc jamais devenus chiens). Nous avons fait ami-ami avec les autres. Au début, nous avons été assez insensibles à leur charme. Mais comme ces animaux étaient très sociaux et qu'ils vivaient en meute, comme nous finalement, on a fini par se trouver des points communs. Un jour, ils ont sorti leur arme secrète : le froncement de sourcils. Oui, grâce à ces petits muscles, ils ont commencé à nous faire des yeux de chat potté, vous savez, ce matou très coquin capable de manipuler les humains en un regard. Et ce regard, comme celui des bébés, immense pour leur jeune âge, a fini de cimenter notre amour pour eux.

Les chiens sont-ils en train de remplacer les enfants ?

Réponse : ça dépend pour qui !

Pour la fête des Mères 2024, le très sérieux quotidien *Le Monde* a publié un dossier spécial titré « Comment le chien est devenu le nouvel enfant ». Sur la photo d'ouverture, on peut voir un bichon habillé d'une petite veste blanche brodée de bleu nuit, assortie à la robe en velours de sa maîtresse qui porte la bête dans ses bras. La photo, signée par la très branchée photographe Amy Lombard, a été prise lors d'un défilé canin à New York en 2015. L'article fait le parallèle entre la garde d'enfant et celle d'un chien, citant un propriétaire anxieux qui, lorsqu'il s'absente, « laisse son doudou » à une ancienne contrôleuse aérienne reconvertie en *dog-sitter*.

Depuis le Covid, et le bond d'adoptions de chiens jamais vu (+ 500 % dans certaines villes des États-Unis, selon le *New York Times*[24]), les médias n'ont cessé de s'interroger, non sans une certaine ironie parfois, sur la nouvelle place de nos animaux de compagnie, quitte à suggérer carrément que nos chiens sont en passe de remplacer nos bambins. Soyons honnêtes, le raccourci est tentant, à plusieurs niveaux.

Du point de vue affectif, la place du chien a évolué dans le cœur de ses propriétaires. Selon plusieurs études récentes[25], la quasi-totalité des possesseurs de chiens considère ce dernier comme un membre à part entière de la famille[26] et pour la moitié aussi important qu'un autre être humain de la famille ! Près de deux tiers d'entre eux les emmènent en vacances, se confient à eux et dorment avec eux, leur offrent des cadeaux à Noël et fêtent leur anniversaire (comme moi, du coup), et même les couchent le soir. Ils passent en moyenne vingt et une heures par semaine à s'occuper de leur chien, dont six en balade et le même temps en caresses, en plus des jeux, de l'alimentation et de l'hygiène. C'est bien plus que pour un chat qui, s'il aime se blottir contre son maître, n'a en revanche pas besoin de promenades-pipi régulières…

La plupart des possesseurs de chiens considèrent ce dernier comme un membre à part entière de la famille.

Mais pas de raccourci ! L'idée selon laquelle le chien est le nouvel enfant mérite d'être nuancée. Notre attachement à notre animal dépend en fait de notre situation, à commencer par notre statut familial. Pour faire court, l'attachement n'est pas équivalent si l'on est célibataire ou en couple, si l'on est une femme ou un homme, si l'on est jeune ou vieux.

Une question de genre

Selon un sondage mené par Opinion Way pour Ultima en 2023, deux tiers des femmes considèrent leur animal de compagnie comme un membre à part entière de la famille, et trois quarts d'entre elles voient en lui une présence réconfortante ainsi qu'un engagement « pour le meilleur et pour le pire ». Pour la quasi-moitié d'entre elles, leur chien est un pilier dans leur vie, contre 35 % chez ces messieurs. Elles se confient plus à eux, leur achètent plus de cadeaux et dorment aussi plus souvent avec eux, passant vingt-trois heures à s'occuper de l'animal contre dix-huit heures pour les propriétaires masculins. Ces derniers, en revanche, les emmènent plus en vacances et les laissent manger dans leur assiette pendant le repas… Cette étude a été menée en France, mais des résultats mondiaux abondent dans ce sens au Mexique et aux États-Unis, par exemple, où 57 % des femmes considèrent leur animal comme un membre à part entière de leur famille, contre 43 % des hommes.

Avec ou sans enfant ?

Autre marqueur d'attachement : la situation familiale. Selon le Pew Research Center[27], l'institut de sondage américain de référence, les personnes non mariées et celles n'ayant pas d'enfant de moins de 18 ans à la maison considèrent en majorité (respectivement 55 % et 63 %) leur animal comme faisant partie de leur famille, au même titre qu'un membre humain. Chez les parents, cette proportion chute à 40 %. C'est pile mon cas et c'est une évidence : Toutoute est aussi importante que les humains de ma famille (déso).

---

[24] Debra Kaming, "When Evictions Loom, Pets Are Also at Risk", *The New York Times*, 19 janvier 2021. 🐾 [25] Étude Opinion Way pour Ultima « La *pet* parentalité en 2023 » et étude du Pew Research Center "About half of U.S. pet owners say their pets are as much a part of their family as a human member", 2023. 🐾 [26] « 68% des Français considèrent leur animal de compagnie comme un membre de la famille », étude Ipsos, 21 juin 2023. 🐾 [27] "About half of U.S. pet owners say their pets are as much a part of their family as a human member", étude citée.

Point sur la Gen Z et les *millennials*

Après le sexe et la situation familiale, c'est l'âge qui conditionne le plus la place qu'occupe l'animal de compagnie à la maison. Les membres de la génération Z, âgés de moins de 25 ans, sont clairement ceux qui portent le plus d'attention à leur animal de compagnie. Par exemple, ce sont ceux qui se confient le plus à lui, dorment le plus fréquemment avec lui, célèbrent le plus souvent son anniversaire (avec un repas spécial et un cadeau) et le couchent le soir. Par ailleurs, plus d'un jeune propriétaire d'animal sur cinq affirme avoir fait une rencontre amoureuse grâce à son chien ou à son chat !

Ce sont les *dog parents* âgés de moins de 25 ans qui se montrent les plus attentionnés.

Parisiens, tête de chien ?

Passons au lieu de vie. En France, contrairement à ce que l'on pourrait penser, les Parisiens accordent moins de temps (17 heures hebdomadaires) à leurs petits chiens très stylés que les habitants de communes rurales (20 heures) et que ceux des villes petites et moyennes (22 heures). En revanche, c'est dans les grandes agglomérations de 100 000 habitants et plus que l'on passe le plus de temps (23 heures) avec son toutou, hors Paris donc. Probablement parce qu'on a plus de temps que dans la capitale.

Selon le Pew Research Center, aux États-Unis, plus on habite en zone urbaine, plus on considère son animal comme faisant partie de la famille. En zone rurale, c'est seulement le cas d'un propriétaire sur deux, et encore un peu moins (47 %) dans les banlieues résidentielles, là où vivent les familles avec enfants dont on sait qu'elles sont moins susceptibles de considérer le chien comme un membre de la famille !

Les bobos ne sont pas les meilleurs *dog parents*

La catégorie socioprofessionnelle est aussi déterminante. On pourrait penser que les « bobos » des villes (alias les CSP+) traitent mieux leur chien, mais ce n'est pas exact. Les membres des catégories superieures et populaires passent tous un temps considérable à interagir avec leur animal, autour de vingt heures par semaine. En revanche, ceux des catégories supérieures les emmènent plus fréquemment en vacances, sont les plus nombreux à penser que leur animal de compagnie les a rendus plus heureux et a amélioré leur bien-être, notamment par le biais de rencontres amicales avec d'autres *pet parents*, tandis que les membres des catégories modestes sont plus nombreux à offrir un cadeau à Noël à leur petit compagnon.

Le réarmement démographique sera-t-il canin ?

J'arrive à Séoul, dans le quartier de Hongdae, connu pour ses boutiques de bidules mignons et inutiles colorés qui tranchent avec la grisaille extérieure. Il fait -2 °C, je longe les rues aux écriteaux verticaux, happée par les vitrines des cabines photos, les coffee shops, et la délicieuse odeur de nourriture qui flotte. Tout le monde – absolument tout le monde – est habillé en beige, noir, blanc. Et dans les vitrines, les vêtements sont beiges, noirs, blancs. La foule est uniforme, l'ambiance cotonneuse. J'arrive le long de la Gyeongui Line où, enfin, quelques silhouettes se détachent. Sur cette ancienne ligne de train réaménagée en forêt urbaine, selon les Coréens – un passage avec de la pelouse et quelques arbres, selon moi –, on croise une foule de chiens tenus en laisse ou baladés en poussettes. Rien de plus normal car, en 2023, il s'en est vendu plus pour chiens… que pour enfants, selon *The Korea Times*[28], repris dans le quotidien *Les Échos*.

[28] « Pourquoi les Sud-Coréens achètent désormais plus de poussettes pour leurs animaux que pour leurs enfants ? », *Les Échos*, 2 janvier 2024.

지폐교환기

Alors que le pays n'a enregistré que 230 000 naissances en 2023[29] (contre 650 000 en 1990[30]), les Sud-Coréens sont devenus fans de leurs animaux domestiques. Près de 6 millions de foyers en possédaient un en 2022, presque le double comparé à 2012[31]. Désormais, un peu plus d'un Sud-Coréen sur quatre possède un animal de compagnie, selon les statistiques officielles.

DANS CE PAYS OÙ LE CHIEN A LONGTEMPS ÉTÉ ACCEPTÉ AUSSI BIEN EN LAISSE QU'EN SOUPE, LA BASCULE VERS L'ENFANT CHIEN ROI A ÉTÉ FULGURANTE.

Après quelques ratés – j'ai fait japonais LV3 au lycée –, j'aborde un caniche cannelle et sa maîtresse. « Il s'appelle Angjoo, comme *Angel* en anglais », m'apprend cette jeune femme. Elle s'appelle Kylie, elle est adorable. D'ailleurs, c'est bien simple, nous avons fait amie-amie en un clin d'œil. Elle m'entraîne dans sa routine canine. « Tu vois, je balade Angjoo deux heures par jour, car à Séoul il y a peu d'espace où lâcher les chiens en liberté. » Au détour d'une petite ruelle, nous arrivons dans un café *dog friendly*. Kylie prend la commande : « Je demande toujours le petit bol de lait sans sucre et sans lactose pour mon chien. Ici, on se rencontre entre *dog parents.* » Comme de nombreux Sud-Coréens, Kylie, ancienne dirigeante dans l'entreprise d'import-export familiale, n'a pas d'enfants, et elle n'en veut pas. « Angjoo est mon bébé. » Son compagnon avait osé dire qu'il était « juste un chien ». Un *red flag* absolu. Il s'agit aujourd'hui de son ex…

---

[29] « La Corée du Sud confrontée à une chute vertigineuse de la natalité », *Courrier international*, 29 février 2024, traduit du quotidien sud-coréen *Hankyoreh*. 🐾 [30] « La Corée du Sud est-elle condamnée à disparaître ? », *Courrier international*, 16 octobre 2022, traduit du magazine hebdomadaire *Hankyoreh21*. 🐾 [31] « Pourquoi les Sud-Coréens achètent désormais plus de poussettes pour leurs animaux que pour leurs enfants ? », *Les Échos*, article cité.

« Nous avons une culture coercitive. Le taux de suicide est élevé. Il existe une pression sociale énorme, avec beaucoup de compétition, où il faut aller dans la meilleure université, pour avoir la meilleure carrière. C'est très dur. Et cela existe même avec nos chiens. Il faut qu'ils soient les plus beaux, habillés comme des princesses pour être les plus mignons. » C'est vrai qu'ils sont sapés comme jamais, les chiens coréens. Dans ce pays où le chien a longtemps été accepté aussi bien en laisse qu'en soupe, la bascule vers l'enfant chien roi a été fulgurante.

À noter qu'une loi interdisant la commercialisation de viande de chien, et notamment en un ragoût appelé « *boshintang* », est passée en 2024 pour une application totale en 2027. Mon amie coréenne me rassure : ce plat n'est considéré comme un mets délicat que par certains Sud-Coréens âgés et les touristes. « Je n'en ai jamais mangé, ni aucun jeune que je connaisse. » Et, dans quelques années, il sera encore plus difficile de manger ce plat dans ce pays asiatique, car l'abattage et la vente de chiens pour la consommation de viande deviendront illégaux.

Non, les chiens ne sont pas responsables de la chute de la natalité !

Après des parallèles psychologiques et sociologiques, la paternité de nos animaux de compagnie attise les comparaisons et les fantasmes… démographiques ! Si les chiens sont aussi nombreux et les naissances en déclin, c'est bien que nos animaux de compagnie remplacent les enfants humains, non ? *Spoiler* : eh bien non, Martine ! Mais peut-être que cette comparaison révèle une inquiétude plus profonde quant à l'avenir de notre civilisation.

Janvier 2024. Quelques jours après la nomination d'un nouveau gouvernement, Emmanuel Macron avait sorti en grande pompe un « plan de réarmement démographique », à grand renfort de check-up de fertilité pour les jeunes Français et de congés parentaux. Depuis, son idée a fait pschitt, mais les inquiétudes concernant la natalité dans les pays riches subsistent : c'est l'effondrement. Le magazine *The Economist* a baptisé[32] ce phénomène la « sud-coréanisation » du taux de natalité : en une génération, la Corée du Sud est en effet passée de plus de 2,5 enfants en moyenne par femme dans les années 1980 à tout juste plus de 0,5 aujourd'hui. En France, où le taux de natalité est désormais de 1,83, alors qu'il était de 2,85 dans les années 1960, l'année 2023 témoigne d'un déclin exceptionnel, avec une baisse de 6,6 % du nombre des naissances par rapport à l'année précédente, soit 48 000 en moins.

En parallèle, on a observé une tendance à la hausse de la proportion de ménages ayant des animaux de compagnie. Le pape François, converti en expert démographique,

[32] "Cash for kids, why policies to boost birth rates don't work", *The Economist*, 25 mai 2024.

Nos animaux de compagnie remplacent-ils les enfants humains ?

Spoiler : Eh bien non, Martine !

probablement par l'opération du Saint-Esprit, s'est inquiété lors de l'audience générale au Vatican en 2022 de l'« égoïsme » de ceux qui, en préférant avoir un chat ou un chien plutôt qu'un bébé, « nient la paternité et la maternité et nous diminuent, nous enlèvent notre humanité ». « C'est la patrie qui en souffre », a-t-il ajouté. On est désolé pour le Saint-Père, mais il va falloir qu'il revoie ses classiques : il a mélangé cause et corrélation. Si la logique du pape était juste, on devrait retrouver le plus de chiens (la cause) là où on a le moins d'enfants (la conséquence). Alors hop, j'ai refait bosser la team de data analystes. On a regardé quels étaient les endroits en France avec le plus d'enfants et le plus de chiens par habitant[33] et on a superposé ces cartes. Ce qu'on observe, c'est que certaines des agglomérations où il y a beaucoup d'enfants (autour de 15 pour 100 habitants), comme Maubeuge, Valenciennes, Douai-Lens ou Béthune, sont aussi des villes dans lesquelles il y a beaucoup de chiens, une quinzaine ou une vingtaine pour le même nombre d'habitants. Inversement, certaines des villes où l'on a peu d'enfants, comme Paris, Lyon ou Marseille, sont aussi celles dans lesquelles il y a moins de chiens par habitant que la moyenne. C'est probablement un effet du revenu puisque Maubeuge, Valenciennes, Douai, mais aussi Perpignan sont toutes des villes populaires, et c'est parmi cette population plutôt modeste qu'on a le plus de chiens… et aussi le plus d'enfants !

ON EST DÉSOLÉ POUR LE SAINT-PÈRE, MAIS IL VA FALLOIR QU'IL REVOIE SES CLASSIQUES.

Par conséquent, l'hypothèse d'un remplacement de l'enfant par le chien ne tient pas.

[33] Données I-CAD 2023 pour les chiens, données Insee pour les enfants.

En fait, les problèmes démographiques des pays riches n'ont que peu à voir avec l'adoption de chiens. On les doit, dans la plupart des pays industrialisés, aux politiques mises en place par les gouvernements pour faire baisser les naissances chez les adolescentes. Dans une analyse fouillée, le magazine *The Economist* explique que ces mesures ont tellement bien fonctionné dans ces pays qu'ils n'arrivent plus à faire remonter la natalité ! Aux États-Unis par exemple, les femmes de moins de 19 ans, le plus souvent pauvres, n'ont pratiquement plus d'enfants. Or ces naissances représentaient entre un tiers et la moitié de la natalité ! Les femmes plus riches, en revanche, ont toujours autant d'enfants, mais elles les ont plus tard, après 30 ans.

Fait amusant, la Chine qui, pendant longtemps, a pratiqué la politique de l'enfant unique, encourage aujourd'hui les naissances, mais pratique désormais la politique du chien unique. La ville de Shanghai, qui compterait entre 600 000 et 800 000 chiens selon les autorités, interdit depuis 2011 aux familles de posséder deux animaux ou plus sous peine de voir son animal placé en refuge. Et, comme avec les enfants, il semblerait que moins on en a, mieux on s'en occupe. Pour preuve, dans ce même pays, une tendance amusante a même émergé : le mariage canin. Les époux se disent « woof » avant de se promettre amour et partage de croquettes pour l'éternité.

Donc, monsieur le pape (et les autres rageux), arrêtez de dire des chiens qu'ils sont responsables de la chute de la natalité humaine ! Tout au plus, les chiffres d'adoption des chiens sont un indicateur d'un manque à combler, dû à la solitude, au sentiment d'isolement social et au besoin de se rassurer. Ce n'est pas un hasard si ce phénomène a été exacerbé pendant le Covid, lorsque la courbe d'adoption des chiens s'est envolée dans la plupart de ces pays.

Comment bien répartir la charge mentale de la croquette ?

TOUTOUTE M'A TUÉE (ENFIN MON COUPLE)

« Mais enfin, je ne vais quand même pas quitter le père de mon chien ! » Voilà la première phrase qui m'est venue à l'esprit un beau matin. Juste après : « Bon maintenant, y en a marre ! » L'arrivée de Toutoute a eu un double effet kiss cool dans ma relation. D'un côté, elle a renforcé nos liens en faisant de nous un « *dog dad* » et une « *dog mum* ». Nous avons formé un foyer autour de cet enfant chien. De l'autre, Toutoute est devenue l'exhausteur de problèmes du couple. Il faut dire que s'occuper d'un animal n'est pas une mince affaire. Il faut le nourrir, le laver, le sortir plusieurs fois par jour, le câliner, lui parler, jouer avec lui, l'emmener chez le vétérinaire, faire les courses, faire – beaucoup – de ménage, lui apprendre à socialiser, l'éduquer.

RAW TREATS
RAW TREATS
THE FOX'S PANTRY
THE FOX'S PANTRY
ZEN PUP
GUT PUP
Veggie
Sweet Potato Snacks

Quelques mois après l'adoption de Toutoute, la valse des problèmes a débuté. Blessée à l'épaule, je ne pouvais pas porter ses 10 kilos sur cinq étages. Car Toutoute a les genoux luxés, des problèmes de vertèbres et la flemme : elle ne descend pas les escaliers. Je demande de l'aide à mon compagnon. Trois semaines plus tard, il me trouve UNE balade avec une *dog-sitter*. Toutoute fait pipi cinq fois par jour… J'ai mis trente minutes à trouver une autre personne disponible immédiatement et à organiser le planning de trois balades par jour pendant un mois. À ce moment-là, je commence à me crisper, mais il montre de la bonne volonté. Pour preuve, il se déplace en personne pour me dépanner lors d'une journée de travail chargée. Piouf, soulagement ! Mais « tu comprends, elle ne voulait pas descendre, il pleut trop fort »… Accablement… Je sors la bête moi-même, car, je vous l'apprends : les chiens font pipi, même sous la pluie. Par ailleurs, les humains décident, pas l'inverse (pas clair pour tout le monde apparemment). Mais il ne baisse pas les bras. Pour « aider », il ramène *une* – seule et unique – boîte de pâtée. « Tu es au courant qu'elle va manger demain ? Et encore après-demain ?? ET ENCORE APRÈS-APRÈS-DEMAIN ??? », je glapis dans un crescendo maîtrisé. Grand final, pourquoi anticiper le pipi matinal de Toutoute avant une visio de monsieur quand super *dog mum* est là pour s'occuper de toutes ces choses chiantes, la serviette sur la tête en pyj à 8 heures du mat sans même que l'on ait à y penser ? Quelle charge mentale ?

Toutoute a les genoux luxés, des problèmes de vertèbres et la flemme : elle ne descend pas les escaliers.

Bien sûr que Jlo a participé à la vie de Toutoute. Il a largement payé la nourriture et une grande partie des factures du véto, me laissant tout de même le soin de remplir les demandes de remboursement (sans les papiers nécessaires, évidemment) : « Je paie, mais je ne m'en occupe pas. » Il lui a acheté des accessoires, des fromages de yak (une gourmandise à mâcher très appréciée de Toutoute), des cornes, des balles et des

> La charge mentale concerne aussi les animaux de compagnie.

peluches. Sans oublier que mamounette s'est quand même barrée plusieurs mois à l'étranger pour son *toutour* du monde. Après trois ans de relation, deux ans de Toutoute et autant d'engueulades, la charge a fini par s'équilibrer et Jlo a fini par sortir le lave-vaisselle et le chien. Victoire. Mais c'était pourtant une évidence : Toutoute nous a tués. Ou du moins la reproduction du schéma patriarcal étendu au chien nous a tués.

Étais-je la seule victime de la charge mentale de la croquette ?

Non. Le plus étrange dans tout cela, c'est que je n'ai pas non plus été la seule à me poser la question, puisque le très sérieux institut de sondage Ifop[34] l'avait déjà fait en 2022, estimant que « la charge des animaux de compagnie active une logique patriarcale dans la plupart des foyers français ». Comme moi, 10 % des couples qui adoptent un animal de compagnie rompent. Gloups. La charge mentale liée au travail domestique s'applique donc aussi aux tâches liées aux animaux de compagnie. Selon l'Ifop, 81 % des femmes pensent fournir plus d'efforts que leur partenaire pour s'occuper des animaux du foyer, contre 64 % des hommes. Notamment sur l'achat des croquettes ou des jouets où les femmes pensent en faire plus que leur conjoint. Elles estiment aussi prendre plus souvent rendez-vous chez le vétérinaire et planifier davantage la garde des animaux. Cette charge mentale touche particulièrement les jeunes puisque chez les moins de 35 ans, près de la moitié des personnes interrogées disent s'être disputées à cause de leur animal de compagnie selon l'Ifop, pour avoir une égale répartition des tâches domestiques… D'un coup, je me sens moins seule, même célibataire. Nous restons cependant proches avec Jlo, car nous avons à cœur de co-parenter Toutoute qui a besoin de tout l'amour du monde (et aussi qu'on paie les factures du véto).

---

[34] « Les Français et les animaux de compagnie : entre outil de séduction et objet de charge mentale », sondage Ifop/Vetocanis, 2022.

Mon chien est-il féministe ?

Je mets tout de suite les pattes dans le plat de croquettes : ce livre n'a jamais eu vocation à être un essai féministe. Il relate le changement de place de nos toutous dans nos vies et dans nos cœurs. Mais, après l'écriture de la partie précédente, j'ai quand même dû me rendre à l'évidence. J'ai rejoué dans mon couple la valse du couple hétérosexuel : charge mentale de la croquette pour madame, charge financière pour monsieur. Et j'en ai été la première étonnée. Pourtant, pendant que j'écrivais ce livre, la journaliste et auteure Ovidie a elle-même publié son ouvrage *Assise, debout, couchée*[35]. Dans cet essai aussi intelligent qu'inattendu, elle explore la question du genre depuis le point de vue canin. La *dog mum* de Brünnhilde, Freyja et Alaska y met plus généralement en perspective la place de la femme et du chien dans la société. « On considère encore que la nana qui a des penchants pour les chiens est une femme faible », m'explique-t-elle. Le fameux cliché du chien-chien à sa mémère ou du personnage de la blonde écervelée, à l'image de Paris Hilton.

[35] JC Lattès, 2024.

Je me reconnais évidemment énormément dans ce stéréotype. Je suis blonde, je porte mes ongles roses, mes shorts courts. Je ne compte plus le nombre de sourires condescendants esquissés chaque fois que j'ai parlé de cette enquête. Au mieux on m'a considérée à mi-chemin entre Barbie reporter et Brigitte Bardot 2.0, au pire on m'a prise pour une idiote tout juste bonne à balader un chihuahua dans un sac siglé.

D'où vient la stigmatisation des femmes qui aiment leur animal ? « En 1893, dans le *Guide pratique de la maladie mentale*, l'affection exagérée pour son animal de compagnie est considérée comme une pathologie, une maladie mentale. Aujourd'hui on considère encore que quelqu'un de très attaché à son chien est frivole, ne s'intéresse à aucune cause sérieuse et surinvestit son amour dans le chien. Pourtant, il s'agit d'individus, et ils ont une place très importante », détaille Ovidie. La journaliste fait le lien entre ce chien que les femmes aiment et qui les protège, et le sort qui leur est parfois réservé. Elle explique : « Les femmes et les chiens sont les premières victimes des violences domestiques. Il existe une forte corrélation entre les violences intrafamiliales et celles occasionnées contre les animaux de compagnie : une femme victime de violence conjugale a cinq fois plus de risque de voir son chien battu qu'une autre femme. » Elle a aussi constaté que les femmes étaient les premières investies dans la cause animale. « C'est même la cause la plus importante dans laquelle elles s'investissent, après la cause des femmes, bien sûr », rapporte-t-elle.

Mec à microchien

Chez ces messieurs, les stéréotypes de genre règnent aussi. Même si les lignes commencent à bouger. Oui, car le petit toutou, c'est bien connu, c'est pour madame, et le gros chien bien viril, c'est pour monsieur ? Non, en tout cas pas pour Zinedine Zidane. Car l'ancien footballeur s'est fait tacler. Non pas sur le terrain, ça, c'est fini depuis longtemps, mais à cause de son bichon maltais dont il est inséparable. Il lui a même acheté un bonnet pour qu'il ne prenne pas froid (on le sait parce qu'il inonde Instagram de clichés de la bête). Les caractéristiques de cette race sont la gentillesse et l'obéissance, des attributs plus volontiers associés par la société aux femmes, sous-entendu une femme gaga de son toutou. Et pour cause : l'hebdomadaire *Marianne*, inquiet de voir les « labradors costauds, les setters frénétiques, les boxers musculeux qui traînaient au bout de leur laisse la testostérone de leur maître » disparaître au profit du « mec à petit chien », s'est fendu d'un billet mi-humoristique mi-satirique[36].

> ZINEDINE ZIDANE NOUS PROUVE QUE OUI, ON PEUT TRIMBALLER SON MICROCHIEN AVEC UNE LAISSE ROSE ET RESTER VIRIL.

Car en 2024, on se pose encore et toujours la question de la taille... du chien, bien sûr (et non pas de la voiture, sinon on connaît déjà l'analogie). Taille de l'appartement aussi car il faut s'adapter à ses moyens et à son époque, crise du logement oblige. Et par conséquent, il faut aussi adapter la taille de son chien à un logis plus urbain et plus petit. Mais bon, on se rassure quand même car le magazine nous apprend que le toutou est un atout dans la « cano-drague », bien que « la présence voyeuse de la bébête haletante lors des ébats (et des mamours post-coïts) [soit] souvent attestée ». Pour les derniers à convaincre : Zinedine Zidane nous prouve que, oui, on peut trimballer son microchien avec une laisse rose et rester viril. Le modèle de la virilité déconstruite passera peut-être par le bichon maltais.

---

[35] « Teckel, Jack Russell terrier, caniche... Pourquoi tant d'hommes ont-ils un tout petit chien ? », *Marianne*, 9 juin 2024.

Les porte-paroles de la génération *dog parents*

Cédric Sapin-Defour

Ubac dans les bacs

Son odeur après la pluie (Stock, 2023)

Prix littéraire 30 Millions d'amis, des éloges médiatiques à ne plus savoir qu'en faire (gardes-en quand même pour les autres, Cédric !), ce prof de sport passionné de montagne était loin de s'imaginer que son plus grand malheur, le décès d'Ubac, son bouvier bernois de 13 ans, ferait aussi son plus grand succès littéraire. Dans un récit bouleversant qui a fait pleurer dans 300 000 chaumières, l'auteur déroule cette relation aussi forte qu'insaisissable que nous entretenons avec notre chien.

Ovidie

Féministe canine

Assise, debout, couchée (JC Lattès, 2024)

On ne l'attendait pas forcément là, et pourtant la journaliste, auteure et réalisatrice Ovidie se saisit du chien sous l'angle féministe. Il est à la fois l'enfant qui a quitté le foyer, le mari décédé, le bébé que l'on ne peut plus avoir, le défenseur face au danger… Oui, toutou est féministe et il a des raisons de l'être. Avec cet ouvrage, Ovidie dévisse la vision chiante du « chien-chien à sa mémère » et retrace au passage une histoire de la domination masculine.

Hélène Gateau

Dog mum en chef

Pourquoi j'ai choisi d'avoir un chien (et pas un enfant) (Albin Michel, 2023)

Elle ne veut pas d'enfant. Pour autant, la vétérinaire et chroniqueuse Hélène Gateau n'a pas renoncé à l'expression de la maternité. Avec l'arrivée de Colonel, son border terrier, dans sa vie, son cœur de *dog mum* a été comblé. C'est la première fois en France qu'une personnalité incarne et crédibilise avec autant de force la notion de famille interespèce. Elle-même surprise de l'écho politique qu'a suscité son propos, elle reste d'un calme olympien lorsqu'elle explique ses positions.

TOUTOUTE EST HPI !

Une éducation positive est-elle possible avec son chien ?

Tony Silvestre, c'est le « Pascal le grand frère » du chien. Musclé, bonhomme, charismatique, avec lui, ça file droit. Sauf que contrairement à l'émission de coaching parental[37], dans laquelle Pascal Soetens recadrait enfants et ados difficiles, Tony, lui, rééduque des chiens. Son émission YouTube phare s'appelle « Panic Dog », et attention, c'est spectaculaire ! Les chiens, le plus souvent catégorisés, c'est-à-dire classés comme dangereux (mais pas que), sont hors de contrôle. En une semaine, ils passent de cas désespérés à euthanasier à toutous vivables. Les maîtres reprennent espoir. Tony ne recule devant rien. « Il y a toujours une solution. » Dans l'une de ses vidéos où le chien refusait d'uriner à l'extérieur, il confie avoir trouvé une idée originale : faire pipi lui-même dans l'ascenseur et sur les murs pour guider le chien vers la sortie et l'inciter à arrêter de faire ses besoins dans l'appartement. « J'ai tout lavé moi-même après. » Ça pose le bonhomme.

[37] Diffusée sur TF1 puis sur C8 jusqu'en 2019.

Superfood Soft Bar
Superfood Soft Bar
Superfood Soft Cubes
berty
the soft turkey
berty
the crispy duck
berty
the wild boar
Eli
Tiny Sprats
Eli
Fish Fingers
Eli
Fish Cubes
Bio Leber Pastete
WILD DEER CUBES
Gutsy
FURRY CHARMS
Gutsy
CHICKEN WINNERS
GUT PUP
Lamb Crunch
Veggie
seek

Preuve de l'intérêt pour ces formats empreints des codes de la télé et de YouTube, Tony et son équipe, composée d'une dizaine de personnes, rassemblent une communauté d'un million d'abonnés, toutes plateformes confondues. Si je suis tombée sur ces vidéos, c'est qu'il a fallu que je me rende à l'évidence : à presque 2 ans, Toutoute est mal élevée. Il suffit qu'elle s'assoie sur ses pattes arrière et qu'elle me regarde avec sa petite bouille pour que je lui file un biscuit, voire deux, voire trois. Elle est devenue enfant chien gâtée, ce qui est très mauvais et l'a poussée à faire de la rétention de ressource. C'est-à-dire qu'elle se métamorphose en connasse déchaînée au caniparc dès qu'il y a une balle en jeu. Bref : Toutoute est un chien roi qui a besoin de leçons d'éducation.

Quelle méthode d'éducation pour Toutoute ?

La nouvelle génération de *dog parents* a son propre style d'éducation, en rupture avec celui des boomers. Là où hier on utilisait le martinet pour l'enfant et où on dressait le chien, aujourd'hui on éveille le premier avec des méthodes Montessori et on éduque le second. Pour Toutoute, je me suis donc tout naturellement tournée vers une éducatrice aux méthodes positives et holistiques. Celle-ci a décrété illico que si ma chienne ne revenait pas vers moi, c'est parce que je l'avais traumatisée… en la papouillant trop ! Oui, selon son regard empreint de jugement, j'étais une dictatrice câline. Sauf qu'après trois séances à 70 € (payées par Jlo, bien entendu) Toutoute était toujours une connasse. C'est à peu près l'époque où la psychologue Caroline Goldman, via un podcast rapidement devenu l'un des plus écoutés de France, puis un livre intitulé *File dans ta chambre*[38] !, a fustigé les excès de l'éducation positive. À date, son interview dans *Le Monde* qui développe sa méthode dite du « *time out* » (une mise à l'écart de l'enfant pendant

---

[38] Caroline Goldman, *File dans ta chambre ! Offrez des limites éducatives à votre enfant*, InterÉditions, 2020.

plusieurs minutes s'il fait une crise) représente l'un des plus gros cartons d'audience du site. Bon, c'est sûr, à l'image des enfants insupportables et des parents permissifs, Toutoute avait besoin d'une meilleure discipline. C'est alors que mon algorithme Instagram m'a proposé les tutos de Tony Silvestre et de son compte Esprit Dog.

TOUTOUTE EST UN CHIEN ROI QUI A BESOIN DE LEÇONS D'ÉDUCATION.

Romaric Pagot est un ancien producteur et animateur de radio, notamment au Mouv'. C'est aussi un *dog parent* qui galérait avec son chiot : c'est ainsi qu'il a rencontré Tony. Petit à petit se noue une amitié entre eux. « Tony n'a jamais voulu être youtubeur, ni même connu », rapporte son associé. C'est complètement raté. Aujourd'hui, l'éducateur canin est une superstar dans son domaine. « Il voulait juste écrire un livre de conseils en éducation canine. Il n'avait même pas de smartphone, mais un téléphone de dealer, avec les touches, là, comme ça ! », s'amuse Romaric en tapotant sur sa main en guise de clavier T9.

« L'idée, explique Tony, c'était de vendre des vidéos de formation. Sauf que personne ne nous connaissait. Donc on a lancé notre communauté sur Facebook, sur laquelle on a commencé à poster de courtes vidéos de cinq minutes. Parce que les livres, tout le monde a la flemme, désolé hein, je dis pas ça pour le tien ! — Je ne le prends pas personnellement. » Tony commence les lives sur YouTube, et donne la parole aux *dog parents* qui posent leurs questions en direct. Le résultat dépasse leurs espérances. Ni une ni deux, il embarque l'équipe Esprit Dog, constituée de Romaric ainsi que de leurs compagnes respectives Mélody Diel et Jessica Laurent, à Valence, Espagne, pour développer l'activité. Le charisme et les connaissances précises de Tony sur l'éducation des chiens séduisent, en complémentarité avec le savoir-faire médiatique de Romaric qui, après dix ans dans les médias, avait envie de passer derrière la caméra.

« **Mais alors, faut-il compter jusqu'à trois avant de lancer la balle ? je questionne.**
– Tu peux, me répond Tony. Le vrai problème, ce sont les dérives marketing de l'éducation positive. Certaines personnes non qualifiées se font de l'argent sur ton dos à cause de ça.
– Alors, c'est quoi la bonne méthode ?
– Y a pas de bonne méthode ! Y a un socle. Ça n'a pas de sens de parler d'une méthode, qu'elle soit positive, coercitive, holistique, machin ou truc. Quand t'es en face d'un être vivant, tu vas devoir t'adapter, tout le temps. Parce que par essence, l'animal est en mouvement, il réfléchit, il s'adapte. Et il a sa personnalité aussi. Tu prends dix bouledogues français ensemble, il n'y en a pas un qui a la même personnalité ou qui ressemble à l'autre !
– Oui, surtout la mienne, qui est spéciale.
– Comme les autres !
– Non, pas comme les autres. (Rires.)
– Déjà, qu'est-ce que c'est l'éducation positive ? Est-ce qu'on parle d'éducation ou de méthode ? C'est pas pareil. Depuis une dizaine d'années, on assiste à une vague de nouveaux éducateurs canins. Ils sont parfois complètement hors sol et déconnectés de la vraie vie. Ces gens-là ne parlent pas des chiens de ville, par exemple. Ils partent du principe qu'il ne faut jamais entrer dans la zone rouge de son chien, c'est-à-dire sa zone d'inconfort. Donc si ton chien a peur des humains, ils vont te proposer de sortir à 2 heures du matin, quand il n'y a personne dehors ? Comment tu fais ? Ce n'est pas possible. Il faut aussi s'intéresser à l'humain pour comprendre le chien. »

ÇA N'A PAS DE SENS DE PARLER D'UNE MÉTHODE, QU'ELLE SOIT POSITIVE, COERCITIVE, HOLISTIQUE, MACHIN OU TRUC.

Oui, d'ailleurs, j'aimerais beaucoup que Toutoute écrive un livre à mon effigie : *Mylène, la méthode douce pour éduquer son humaine.*
Conclusion, selon Tony : « Il faut essayer aussi d'avoir les sens qui se mettent en action, d'entrer en communion avec le chien. C'est du transfert d'énergie pour trouver des solutions en fonction du chien et du maître. Les deux sont indissociables. » C'est bien noté.

« Alors, c'est quoi
la bonne méthode ?

– Y a pas de bonne
méthode ! »

4

Toutoute m'a ruinée !

Pourquoi tout le monde veut sa part de la croquette ?

La Gen Z et les *millennials* se considèrent de plus en plus comme des « parents » d'animaux de compagnie plutôt que comme des « propriétaires ». Ce changement de posture stimule la demande d'aliments de meilleure qualité pour nos chiens, mais aussi d'une multitude d'autres produits et de services, comme les promenades réalisées par des *dog-sitters*, les marques de soins bios ou les cafés pour chiens (avec pâtisserie). Un nouveau marché est en train d'émerger.

Alors, faut-il tout plaquer pour lancer sa marque de croquettes bios ?

THE UNITED STATES OF AMERICA
E MILLION DOLLARS
HL 62546314 G
L12
100

Pourquoi les labradors indiens mangent du poulet biryani

Quand j'arrive à Bangalore, il fait une chaleur étouffante. Dans cette ville noyée dans les embouteillages, je m'accroche à mon « auto » – sorte de tuk-tuk local – et à la vie. « Oh, ça va, fais pas ta chochotte ! C'est carrément vivable comparée à New Delhi », se moque mon ami Côme, journaliste correspondant en Inde depuis quelques années. Il faut dire que cette ville du Karnataka, à la pointe sud du pays, est impressionnante, à la fois séduisante et oppressante. Considérée comme la Silicon Valley indienne, sa population a triplé en trente ans et compte désormais 12 millions d'habitants. Elle se place comme la troisième puissance économique du pays, derrière New Delhi et Mumbai. Contrairement au nord, la ville est cossue ; elle abrite à la fois une population locale fortunée qui a profité du boom des technologies et une communauté internationale d'expatriés.

HEADS UP FOR TAILS
EST 2008
PET SPA
Full Services
Cleaning up eyes, ears and teeth
De-shedding
Nail clipping
Bath - Deep cleansing/Flea treatment
Conditioning
Blow drying & hair setting
Hair Cut & Styling
The cut and style depend on the condition of the coat
Quick Services
Sanitary Trim
Trimming fur on the belly, underpad, sanitary area and around the eyes

HEADS UP FOR TAILS
Sara's
WHOLESOME FOOD
Made with farm fresh ingredients
Flavours of India
CHICKEN BIRYANI
Net Weight : 300 g
READY TO EAT
CUT → OPEN → SERVE
50% MEAT
50% VEG & RICE
HUMAN GRADE INGREDIENTS*

HEADS UP FOR TAILS
JAMMIES
WITH REAL CHICKEN
FILLED WITH MIXED FRUIT JAM!
NATURAL INGREDIENTS
PACKED WITH ANTIOXIDANTS
SLOWLY DEHYDRATED
GLUTEN-FREE DOG TREATS

L'urbanisation a explosé, asséchant au passage les centaines de lacs que comptait autrefois la ville. Dans le centre historique, on trouve néanmoins de jolis bâtiments hérités de l'ère coloniale, avec des chiens des rues, écrasés par la chaleur, tranquilles sur le bitume.

Dans l'un des quartiers les plus huppés de la ville, à côté de Cubbon Park, seul parc de Bangalore où se retrouvent chiens et propriétaires le dimanche, je me rends à la boutique phare de l'enseigne Heads Up For Tails[39], leader sur le marché de l'accessoire et de la nourriture pour animal de compagnie en Inde. La boutique est ravissante : carrelage en damier au sol, comptoir en bois et personnel aux petits soins pour la clientèle fortunée qui vient gâter sa progéniture canine. « Les bouteilles de shampoing doivent être alignées, messieurs. » Ridhima Coelho, cofondatrice de la marque, élégante dans son ensemble en coton lin vert émeraude et sandales Hermès, a le sens de l'ordre et du détail. Une qualité qui lui a probablement été fort utile pour passer d'un minuscule kiosque du centre commercial Select Citywalk à New Delhi à la fin des années 2000 à 90 magasins dans 18 villes différentes et 68 spas pour animaux de compagnie.

---

[39] Jeu de mots avec l'anglais *heads or tails* qui signifie « pile ou face », *tails* voulant aussi dire « queue d'animal ».

Pour en arriver là, l'entreprise n'a pas lésiné sur les moyens et s'est entourée d'une équipe d'environ 200 personnes rien que pour la partie recherche et développement, pour un total de 1400 employés. « Lorsque nous avons créé la première boutique en 2008, il n'existait aucun produit indien canin sur le marché. Les gens d'ici ne comprenaient pas. Au mieux, ils baladaient leurs chiens avec une chaîne en métal », explique la cofondatrice. Depuis, une bascule formidable sur le marché de l'animal de compagnie a eu lieu. Et grâce à ses experts, HUFT a créé les 400 premiers produits indiens pour *pet parents*. Ridhima Coelho certifie avoir testé les meilleures recettes pour chiens dans le monde et les avoir adaptées au marché indien et asiatique grâce à une fabrication 100 % locale dans des cuisines et usines de Bangalore. « Environ 60 % des produits que nous vendons dans ce magasin viennent de l'une de nos marques propres. Pour satisfaire les besoins d'une clientèle huppée, qui souvent a vécu à l'étranger et veut reproduire ce qu'elle y a vu, nous proposons des produits de la même qualité, mais nous les adaptons aux spécificités locales et nous les proposons à prix indien. » On retrouve par exemple cette recette « poulet et riz complet » avec des ingrédients « de qualité humaine » pour 99 roupies, soit 1 euro les 300 grammes ou cet irrésistible poulet biryani «sans piment». En plus de la nourriture, HUFT propose un espace de toilettage avec de nombreux accessoires comme des paniers, des jouets et même des manteaux. « Mais ils n'ont pas trop chaud, ici, en Inde ? », je m'inquiète. « Il fait froid aussi en Inde », m'assure Mme Coelho. Très bien. Heads Up For Tails vient d'ouvrir un magasin à Singapour, avec plus de 1000 produits référencés, et compte investir le marché des Émirats arabes unis avec Abu Dhabi et l'inévitable Dubai.

AU MEXIQUE, LE MARCHÉ DE PRODUITS ET DE SERVICES POUR ANIMAUX DE COMPAGNIE S'ÉLÈVE À 3 MILLIARDS DE DOLLARS.

La nourriture pour chien se taille une part de la croquette

Le marché lié aux animaux de compagnie a connu un boom spectaculaire ces dernières années et devrait atteindre 500 milliards de dollars d'ici à 2030[40]. Partout dans le monde, la même histoire se répète : l'humanisation des animaux et la premiumisation de la nourriture, des services et des accessoires qui leur sont destinés font exploser les dépenses des nouvelles générations de *pet parents*.

Andreas Fruschki, gestionnaire de fonds chez Allianz Global Investor, explique la logique qui sous-tend ces chiffres[41] : « Plus une économie devient mature, plus les animaux de compagnie occupent une place importante dans les dépenses des ménages. » Cette analyse corrobore la montée de ce marché en Inde ou au Mexique. Selon les chiffres de Petco, l'une des principales chaînes mexicaines de produits et de services pour animaux de compagnie, le marché s'y élève à 3 milliards de dollars et l'entreprise est convaincue qu'il continuera de croître. D'ailleurs, la place qu'occupent désormais les animaux de compagnie au Mexique et en Inde est la meilleure preuve que leur statut a complètement changé, en tout cas pour cette classe de la population urbaine, huppée et internationale. Une tendance qui émerge également dans certains pays d'Afrique. La capitale économique du Nigeria a ainsi abrité pour la cinquième année consécutive le Lagos Dog Carnival. Cet événement attire des habitants des quatre coins du pays et a pour but de sensibiliser et responsabiliser les nouveaux propriétaires au bien-être animal. On a pu y voir des chiens défiler en costume traditionnel nigérian.

---

[40] "Global Pet Industry to grow to $500 billion by 2030, Bloomberg Intelligence Report Finds", Bloomberg Intelligence, 24 mars 2023. [41] « La "pet economy" est en plein essor », *L'Écho*, 5 avril 2022.

L'Occidental moyen peut être surpris lorsqu'il constate que dans ces pays qu'il imagine encore comme émergents, dans lesquels les inégalités sont très marquées, les chiens des quartiers riches peuvent être traités et bichonnés tout autant, voire mieux qu'un chien de classe moyenne en France.

Les grands acteurs de l'agroalimentaire se taillent la plus grosse part de la croquette. En Inde, où le potentiel lié aux 31 millions de propriétaires de chien est faramineux[42], le géant des boissons et des aliments conditionnés Nestlé India a racheté en 2023 les activités de Purina Petcare India pour un montant de 1,36 milliard d'euros.
En France, les grandes marques comme Purina (ProPlan, Fido) ou Mars Petcare (Pedigree, Cesar, Royal Canin) et leurs aliments transformés, distribués en moyennes et grandes surfaces ou dans les cliniques vétérinaires, occupent une place de premier plan. Cependant, avec quelques décennies de retard, le marché de la « *petfood* » a étendu aux animaux le souci d'une alimentation fraîche, non transformée et fabriquée localement… voire sans gluten ou végane (une utopie pas toujours compatible avec les besoins des chiens).

Toutoute, quant à elle, se nourrit depuis un an de repas frais sous barquette livrés chaque mois de la marque Pépette (au menu : mijoté de bœuf ou poulet gourmand aux courgettes, brocolis et patates douces[43]). Pépette adopte les codes de communication décontractés et complices des start-up, et fait partie de ces entreprises émergentes qui veulent elles aussi leur part de la croquette. La marque a récemment inauguré son usine dans le Centre-Val de Loire, lui permettant d'apposer une promesse « fabriqué en France » qui séduit les *dog parents* soucieux d'équilibre alimentaire pour leur enfant chien. Je voulais évidemment le meilleur pour elle, mais j'avais aussi une motivation plus égoïste : les bouledogues français sont connus pour leurs flatulences. Je vous confirme que si vous ne choisissez pas bien leur régime alimentaire, vous allez le regretter !

---

[42] Ce chiffre est à prendre avec des pincettes car il n'existe pas de registre canin à jour et bien sourcé en Inde. 🐾 [43] Ceci n'est pas un partenariat commercial avec la marque, dont j'ai payé toutes les rations depuis mon inscription il y a un an. (Mais si vous me lisez, n'hésitez pas à faire un geste !)

Au menu :
mijoté
de bœuf
ou poulet
gourmand aux
courgettes,
brocolis
et patates
douces.

Mon chien est-il un désastre écologique ?

Les *dog parents* prennent la santé de leur progéniture très au sérieux et dépensent souvent sans compter pour leur enfant chien, quitte à mettre un peu de côté leurs convictions écologiques.

Pourtant, ils sont bien conscients des enjeux climatiques et veulent faire un effort pour réduire l'empreinte environnementale des animaux de compagnie, ce que l'on commence à nommer la « *paw print* ». Problème : on a du mal à chiffrer avec précision cet impact. Un premier ouvrage publié en 2009[44] a comparé l'empreinte carbone d'un chien de taille moyenne à celle d'un SUV qui roulerait 10 000 kilomètres par an. Gloups. Pire, en 2017, un scientifique américain, Gregory Okin, a estimé que les chiens et les chats « représentaient environ un quart de toutes les calories consommées à partir de produits animaux, émettant l'équivalent en CO_2 d'environ 13 millions de voitures[45] ».

Mais la controverse autour du bilan carbone des animaux de compagnie était restée relativement confidentielle jusqu'aux propos du chercheur belge François Gemenne, qui ont rendu folles de rage certaines associations. Coauteur du sixième rapport du GIEC, celui-ci a lâché une petite bombe en décembre 2023 sur LCI en affirmant que les chiens représentaient « une catastrophe pour le climat », notamment en raison de la déforestation générée par les besoins de la *petfood* industrielle. Face à l'ampleur de la polémique – la SPA s'est fendue d'un tweet regrettant qu'il culpabilise les propriétaires de chiens et de chats, et il a même reçu des menaces de mort dans la foulée –, le chercheur a voulu rassurer les amoureux des animaux lors d'un passage sur le plateau de l'émission « Quotidien », assurant qu'ils étaient tous « très mignons », et qu'il n'était « pas question de toucher à un poil ni des chats ni des chiens ».

Mais au-delà de l'embrasement médiatique, ces mesures sur l'ampleur de la *paw print* sont-elles crédibles ? Sans surprise, tout le monde n'arrive pas aux mêmes conclusions... Les calculs les plus alarmistes partent du principe qu'on élève des animaux spécifiquement pour fabriquer la nourriture destinée aux chiens et aux chats. Ils incluent donc le total des émissions liées à l'élevage, or la *petfood* utilise des morceaux moins nobles comme les abats, qui sont des coproduits de l'alimentation humaine.

---

[44] Brenda Vale et Robert Vale, *Time to Eat the Dog? The Real Guide to Sustainable Living*, Thames & Hudson, 2009. [45] Gregory S. Okin, "Environmental impacts of food consumption by dogs and cats", *Plos One*, 2 août 2017.

Pour limiter la casse, François Gemenne recommande de nourrir plutôt les chiens avec des restes de repas, comme c'était le cas auparavant ! La Facco (Fédération des fabricants d'aliments pour chiens, chats, oiseaux et autres animaux familiers) défend son bifteck et considère que nourrir son chien avec une ration ménagère (le reste de votre assiette, donc) génère un bilan carbone supérieur et ne respecte pas les besoins journaliers de votre animal.

Toutoute doit-elle devenir végane pour réduire son empreinte écologique ?

D'un point de vue purement pratique, c'est impossible. Même s'ils sont omnivores, nos toutous ont besoin de viande pour vivre. En revanche, sur les jouets et accessoires, il est possible d'opter pour des matériaux plus respectueux de l'environnement. Des marques de *petfood* se lancent sur le créneau de la nourriture fabriquée à partir d'insectes, qui demande moins de ressources et émet moins de polluants que celle conçue à base de viande de bœuf ou de porc. Parmi elles, on peut citer les marques françaises Tomojo, la bien nommée Ÿnsect qui se lance aux États-Unis, ou encore la jeune pousse FungFeed qui produit de l'alimentation pour animaux à base de vers de farine. Miam miam. Et si vraiment aucune de ces options ne vous convient ni n'apaise votre mauvaise conscience écologique, considérez l'adoption d'un animal différent comme le chinchilla (plus petit et donc moins énergivore), le serpent ou l'araignée. Reste à savoir si huit pattes sont plus pratiques que quatre pour ramener la balle.

Des toiletteurs aux *dog-sitters*

À force d'arpenter les tréfonds du web canin, notre intrépide data analyste Mathieu a mis la main sur un listing des toiletteurs canins en activité en France. Ces salons de beauté pour chiens ont un point commun avec les coiffeurs lorsqu'ils choisissent un nom pour leur commerce : l'amour des jeux de mots et des clins d'œil. « Esthétichien » ou « Aristochiens », « Cani Coiff » ou « Pile Poil » font partie des noms les plus populaires, aux côtés des classiques « Boule de poils », « Toutou chic » ou « Élégance canine ».

NOMS DES TOILETTEURS CANINS LES PLUS FRÉQUENTS EN FRANCE

Passion canine
La maison de toutou · Atout poils
Beauté canine · Toutou chic
Pil poil · La toutounière
Coiff'toutou · Le chien beauté · Toutou look
Comme chien et chat
Beauty dog · Au bonheur canin · Élégance canine
Esthétichien · Au toutou chic · Au chien chic
Look tout · Cani coiff · Au paradis canin · Pile-poil
C'ouaf toutou · Au poil · Le cabotin
Un amour de chien · A tout chat et chien · Styl'dog
Tout net
Ambiance canine · Dog attitude
Happy dog · Art canin · Tout clean · À l'eau toutou
De bon poil · Au chien coquet · Espace canin
Les aristochiens · Pluto chic · La belle et le clochard
Frimousse · Entre chiens et chats · Au salon du chien · Au look canin
Au chien beauté · Toilettage canin
Boule de poils
Toutounet · Animal passion · Au chien élégant
Au bonheur des chiens

Source : Allo-toiletteur.com, 2023.

Autre particularité : cette carte des toiletteurs montre qu'ils sont particulièrement présents dans le nord du pays et le long du pourtour méditerranéen (tiens, tiens, comme les chihuahuas), et révèle que c'est dans de nombreuses villes moyennes, comme Narbonne, Béthune, Valenciennes, Bergerac, Avignon, Évreux, Boulogne-sur-Mer, que leur proportion rapportée au nombre d'habitants est la plus importante. Cette géographie des toiletteurs reflète bien entendu le nombre de chiens par habitant (il y a plus de chiens dans ces zones), mais aussi une France du toutou plus périphérique et traditionnelle, dont les grandes villes sont absentes.

Certes, on trouve aussi des toiletteurs à Paris, à Lille, à Bordeaux ou à Lyon, mais ce qui saute aux yeux dans les grandes villes ces dernières années, c'est l'irruption de services de soin, d'aide et de garde, comme les *dog-sitters* ou les promeneurs à vélo-cargo, ou encore les *concept stores* canins. Ces enseignes, services et marques ont acté un changement d'époque, porté par une nouvelle génération de passionnés parfois passée par les *bullshit jobs*[46] avant de s'occuper des chiens. Leurs logos soignés évoquent les marques de bière artisanale, le design des boutiques rappelle celui des commerces éphémères, les noms empruntent à l'anglais un petit je-ne-sais-quoi trendy, choisi par mimétisme avec la vague des start-up des années 2010, comme les croquettes Edgard & Cooper que l'on trouve en grande surface ou les aliments à base d'insectes de la marque Tomojo. Tous ces acteurs s'adressent en priorité à la génération *dog parents*. Les moins de 35 ans dépensent plus de 1500 euros par an pour leur animal de compagnie : c'est 300 euros de plus que les propriétaires de chien ou de chat plus âgés[47] !

---

[46] Ou « métiers à la con », expression inventée par l'anthropologue David Graeber dans un article devenu culte dans lequel il fustigeait la multiplication des emplois de bureau dans les grandes entreprises. [47] « De la main à la patte : quelle nouvelle place pour les animaux au sein de la société ? », Harris Interactive pour l'Observatoire Cetelem, novembre 2021.

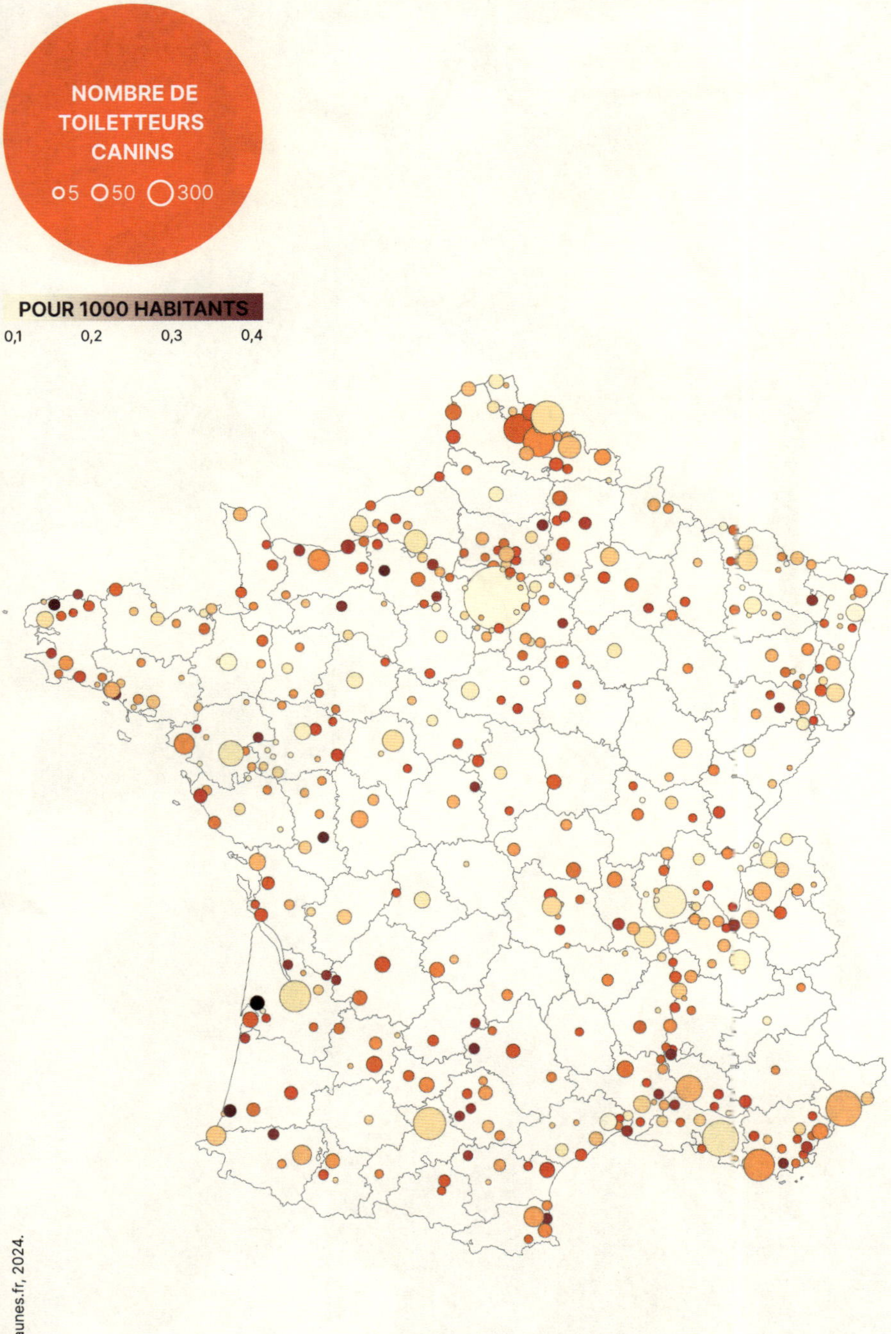

Source : Pagesjaunes.fr, 2024.

Profession : *dog-sitter*

La banalisation du *dog-sitter* dans les rues des métropoles est un indice de l'évolution de ce qu'on pourrait appeler « les métiers du *petcare* », à l'image des métiers du *care* qui désignent le secteur du soin et de l'aide à la personne (assistante maternelle, aide à domicile, etc.). Il n'y a encore pas si longtemps, les *dog-sitters* étaient des amoureux des animaux prêts à rendre service, moyennant un petit dédommagement, en accueillant un animal chez eux. Mais la profession commence à se structurer, avec des promeneurs diplômés, spécialistes du comportement canin, qui ont à cœur de proposer des balades d'éveil à leurs clients, en solo mais parfois aussi en meute en forêt, sorte de centres aérés ou de colos à la journée pour toutous. C'est ainsi que mon répertoire de téléphone contient un nombre impressionnant d'intervenants qui tous participent au bien-être et à l'équilibre de Toutoute. Ne manque que l'instructeur de piano. Depuis ses 2 ans, ma chienne aura expérimenté une multitude d'activités ludiques et de bien-être, seule ou en compagnie d'autres chiens gâtés. Elle avait sa *dog-sitter* attitrée, Christele, et ses balades en meute en forêt avec la Brigade Funky. Comme dans les grandes écoles, elle fréquente le gratin canin. Elle a d'ailleurs partagé une balade avec le chien d'Hélène Gateau.

Toutoute avait sa *dog-sitter* attitrée et ses balades en meute avec la Brigade Funky.

FAUT-IL TOUT PLAQUER POUR

lancer sa marque de laisses upcyclées ou de croquettes bios ?

LE *CONCEPT STORE* CANIN EST-IL LE NOUVEAU CAP PÂTISSERIE ?

Depuis quelques années, les *concept stores* et instituts de beauté canins renouvellent l'image renvoyée par le secteur du toilettage. Nichée à deux pas de l'épicerie d'Amélie Poulain au cœur de Montmartre, avec une petite terrasse et ses loupiottes, la boutique Barkers and Brothers accueille quotidiennement les toutous de la capitale. Ce magasin, à la pointe de la tendance canine, propose des accessoires à la mode, des snacks et même un service de toilettage – « *dog wash* » – à l'étage. Mais si tous les *dog parents* parisiens se pressent dans cette boutique, c'est avant tout pour offrir un Puppuccino à leur progéniture canine. Vous avez dit « Puppuccino » ? Oui, à l'instar de ces humains qui épanchent leur soif avec des cafés élaborés à 5 euros la tasse, les toutous ont eux aussi leur petit gobelet avec de la crème de coco montée en chantilly.

Sauf que leurs « *toppings* », comprenez leur garniture, se composent de sardine, de viande séchée ou de beurre de cacahuètes. La partie *coffee shop* est éclairée avec un joli néon "*Show me your treats*" (« Montre-moi tes friandises »), où les clients adorent se photographier avec leur toutou avant de poster le précieux cliché sur Instagram.

Si les codes de la nouvelle génération de *dog parents* sont impeccablement respectés, c'est qu'on retrouve à l'origine de ce projet Marie Dardaine, elle-même *dog mum* de Ralph l'akita. Cette ancienne directrice artistique puis directrice de clientèle s'est associée à son compagnon, Titouan, ancien spécialiste de finance immobilière. Alliant leur sens de la créativité et de la gestion, ils ont imaginé ensemble ce lieu insolite. L'émergence du *pet parenting* a boosté la demande pour des produits et des services de haute qualité et personnalisés pour les animaux de compagnie, allant des friandises biologiques aux déclinaisons canines de vêtements de marque à la mode (comment ne pas craquer pour une veste Barbour ou Carhartt pour son teckel ou son corgi ?).

« La plupart des banquiers financent des boulangeries ou des commerces classiques. Ils ne comprenaient pas notre projet de *concept store* canin. »

Avant de pouvoir faire exister leur *concept store*, le couple s'est heurté à l'incrédulité des banques. « C'était lunaire, se remémore Marie. La plupart des banquiers financent des boulangeries ou des commerces classiques. Rien à voir avec ce que l'on proposait. Ils ne comprenaient pas. » Pourtant, rien qu'en France, les ventes de produits pour animaux de compagnie ont généré un chiffre d'affaires de 5,4 milliards d'euros[48], un tel potentiel qu'il y a de la place même pour un concept de niche.

[48] Selon une étude de l'association Promojardin-Prom'animal / *Les Échos Études*, 2020.

GOOD
GIRL

Scout's
Honour
ENJOY
THE SQUEAK
DESTROY
THE SQUEAK

yogupet,

NATURAL &
GLUTEN FREE

Au final, comme pour le lancement d'une start-up, le couple a rassemblé ses économies puis réuni de la « *love money* » (de l'argent prêté par des proches). Il a ensuite lancé une campagne de financement participatif sur Ulule. Les 10 000 euros récoltés ont financé le début des travaux et tenu en haleine une première communauté de fous de toutous qui attendait de pied ferme l'ouverture. Un prêt bancaire leur a permis de boucler leur financement, pour un investissement total de 110 000 euros. Le succès auprès des *dog parents* a été immédiat, poussé par la visite d'influenceurs canins, trop heureux de relayer leur découverte et la dégustation désormais rituelle du Puppuccino par leur animal.

« Ça faisait un moment que je me posais des questions sur le sens de mes journées. Quand on a eu notre chien Ralph, on s'est aperçus à quel point le marché était restreint en France. Les accessoires n'étaient pas forcément très esthétiques », explique la créatrice. Alors, là où hier, des anciens du marketing, de la banque et autres métiers du tertiaire s'essayaient au *food truck*, à la fromagerie ou au lancement d'une marque de jouets *made in France*, le *pet parenting* devient un terrain de jeu entrepreneurial où l'on utilise son savoir-faire et son patrimoine culturel au service de sa nouvelle passion. Marie a donc mis à profit ses talents de direction artistique pour sourcer les plus jolis accessoires en France, en Europe et dans le monde en menant une veille sur les réseaux sociaux et dans les magazines. « On voyage beaucoup aussi », ajoute Titouan. Niveau déco, « on voulait faire l'inverse des grands rayonnages où tu retrouves vingt produits par linéaire. Ici, c'est comme un appartement-boutique dans lequel tu peux tout acheter ».

Un an et demi après l'ouverture, les premiers retours comptables sont positifs. « Tout le monde nous dit que nous avons un métier de rêve, car on travaille avec des chiens toute la journée. On a parfois l'impression d'avoir ouvert une crèche ! C'est une entreprise et donc il y a de la compta, des commandes à passer et des galères à gérer avec les fournisseurs », résume Marie. Aujourd'hui, le couple, comblé par son nouveau quotidien professionnel, envisage d'ouvrir une seconde boutique, à Paris ou dans une autre grande ville française. Car entre-temps, le regard des banquiers a changé : « Quand on retourne à la banque, on est pris au sérieux », conclut Marie en souriant.

Renouvellement générationnel des médias

Avec ces marques et ces enseignes dans l'air du temps, tout est fait pour déringardiser un univers cynophile parfois moqué ou pris de haut, comme s'il fallait que le nouveau *pet parent* déculpabilise les pépettes considérables qu'il engloutit au quotidien pour son chien.

Car en parallèle du business, la *dog nation* a son écosystème, ses ambassadeurs stars et même ses médias. La nouvelle génération s'empare des réseaux sociaux et n'hésite pas à renouveler le genre, avec des codes plus dynamiques et interactifs qui rendent accro. Hier, on avait Brigitte Bardot et « 30 Millions d'amis », aujourd'hui on a les *pet influenceurs*, bien sûr, mais aussi une foule de médias, du compte Instagram à la newsletter (« La Truffe, la newsletter qui a du flair »), en passant par des chaînes comme Esprit Dog (YouTube) ou Trinity (Twitch).

Le format papier n'est pas boudé non plus, mais il est revisité. Avec *Bâtard*, notamment, le magazine lifestyle dont le titre, un brin provocateur, met en avant tous les toutous. Cofondé par deux amies, Emma Guerchon et Théa Sanchez, et Bow et Marty, leurs toutous respectifs adoptés à la SPA, *Bâtard* s'affranchit des codes traditionnels et explore notre relation au chien sous l'angle culturel, artistique et même neuroscientifique. En s'inspirant de la revue anglo-saxonne *Dog*, les jeunes femmes ont choisi d'allier le fond et la forme grâce à une mise en page soignée, dans une atmosphère à la limite du fanzine, mélangeant illustrations, reportages et photos. Financé en partie sur Ulule, le magazine est disponible en kiosque et en librairie au prix de 15,90 €.

Tout est fait pour déringardiser un univers cynophile parfois moqué ou pris de haut.

Votre chien doit-il devenir un influenceur ?

How to Make Your Dog #famous[49] est, comme son nom l'indique, un guide à l'usage des *dog parents* qui souhaitent casser Internet et faire exploser le compteur de *likes* avec des photos de leur animal. Poses aguicheuses, mèmes irrésistibles, interactions avec la communauté, ce livre conçu par un expert en techniques d'influence commente les meilleures photos virales issues des comptes de quarante *petfluenceurs*, ces chiens stars largement plus populaires que l'humain qui les héberge, les nourrit et actionne son smartphone dans l'ombre. Ce livre aurait tout à fait pu intégrer Ellen et son bouledogue Marvel…

[49] Loni Edwards, *How to Make Your Dog #famous*, Laurence King Publishing, 2021.

Peut-on décerner une médaille de guerre à un chien qui léchouille des pastèques ? Non, mais Marvel le Frenchie mérite tout de même la sienne. Ce bouledogue français est gris (bleu, pour les initiés), comme Toutoute, terriblement mignon, et c'est une superstar des réseaux. Car il possède un talent indiscutable pour *slurper* des choses : Marvel léchouille, Marvel renifle, Marvel mâchouille. Il le fait avec un tel brio qu'il cumule 350 000 *followers* sur Insta et près d'un million sur TikTok. Derrière sa bouille d'ange et son succès se cache une histoire bouleversante.

"OH MY GOD, IT'S MARVEL!"

Je leur écris en janvier dernier : « Bonjour, Ellen et Marvel, je suis une journaliste française. Je fais le toutour du monde, car j'écris un livre sur les petits chiens de race. Je voudrais vous rencontrer ainsi que Marvel. Ne vous inquiétez pas, je ne suis pas une dangereuse psychopathe haha. »

Ayant un peu surestimé mes capacités de persuasion (et d'humour), j'ai dû m'y reprendre à trois fois avant d'obtenir une réponse positive. Enfin, sous les palmiers de Santa Monica et sur la pelouse d'Ocean Avenue, je rencontre Marvel, Ellen et son petit copain norvégien Daniel, près de deux mètres tout en muscles (au cas où je serais quand même une psychopathe). Après avoir lancé quelques balles à un Marvel en grande forme, Ellen me confie son histoire. « Depuis plusieurs années déjà, je vis et travaille à L.A., ma sœur à Orlando. Lorsque la guerre éclate, mes parents sont en Ukraine, où j'ai moi-même grandi. » Loin de ses proches lorsque la Russie envahit l'Ukraine, la jeune femme est terrifiée à l'idée de perdre ses parents : « J'ai fait un black-out. Deux mois de ma vie se sont effacés de ma mémoire. » Sous le choc et impuissante face aux événements, Ellen doit trouver un moyen de se concentrer sur autre chose. « Même si la guerre me tuait à petit feu. » Employée dans une entreprise de logistique « dans un job tout à fait normal », elle a l'idée de faire des vidéos avec son chien. Très vite, la carrière de Marvel décolle. « La première vidéo qui ait vraiment percé, c'est celle où Marvel mange des pommes, postée en janvier 2023, explique la créatrice de contenu. C'est à ce moment que j'ai commencé à poster plus régulièrement. » Deux ans et 350 vidéos plus tard, le succès est au rendez-vous. Pour preuve, Lady Gaga a commenté sous l'une des vidéos : « Iconic ». Consécration. Peut-être qu'elle le fera un jour sous une vidéo de Toutoute ?

Pour arriver à de tels résultats, Ellen et Marvel s'astreignent à une discipline de fer. Ils ont bien voulu nous dévoiler les secrets de leur planning de travail. « D'abord, je trouve les idées. Pour ça, je regarde d'autres comptes d'animaux et même d'enfants. Parfois, on se copie entre nous, c'est le jeu. De toute façon, à la seconde où ton idée sort sur Internet, elle ne t'appartient déjà plus. » La réalisatrice organise ensuite les tournages, le plus souvent à domicile. « Je n'utilise pas de matériel hors de prix. Je n'ai pas le temps d'apprendre des techniques sophistiquées. J'utilise juste parfois un écran vert. » Il faut à l'équipe créative environ quarante minutes de tournage, puis une heure et demie de montage par vidéo. L'editing (montage et sous-titres) est réalisé sur l'application Videoleap depuis l'iPad d'Ellen, dont elle préfère l'écran, plus grand, à celui de son iPhone, pour ce travail de précision. « Marvel est vraiment génial. Parfois, il lui arrive de ne pas être dans le mood et d'avoir juste envie de s'allonger et de dormir. C'est normal, les chiens aussi ont leur tempérament. »

Pour son premier partenariat, Marvel doit mettre en valeur des patchs pour réduire le gonflement des poches sous les yeux. « Marvel portait un bandeau absorbant pour les cheveux. Et c'est devenu viral. Les gens ont vraiment aimé ça ! », se réjouit la créatrice de contenu. Elle continue alors sur sa lancée et développe le concept de mise en scène ou de jeu de rôle. Dans une vidéo, Marvel joue au morpion avec elle en mangeant une croquette pour aligner ses jetons. Dans une autre, il arbore un petit béret et une marinière d'artiste et léchouille une feuille de plastique pour étaler de la peinture. Irrésistible.

À mesure que la communauté grandit, les retours sont de plus en plus encourageants. « Je reçois des commentaires vraiment très positifs, comme "tu as vraiment fait fondre mon cœur" ou "vous avez fait de ma journée un moment inoubliable". Il arrive même que l'on reconnaisse Marvel dans la rue : "OMG, *it's Marvel!*[50]" »

De plus en plus heureuse, Ellen va enfin pouvoir aussi relâcher la pression : sa sœur réussit à faire entrer ses parents à United for Ukraine, un programme d'accueil américain pour les réfugiés ukrainiens. La peur passée, la mélancolie reste pourtant. Sa ville d'origine, Sviatohirsk, située dans la région de Donetsk, a été détruite à 75 %... Mais Ellen reste positive. Avec une partie de l'argent de ses partenariats et du fonds de créateurs TikTok, elle aide ses parents. Et pour l'avenir, elle voit grand : « Je veux devenir influenceuse pour Marvel à temps plein. J'espère qu'un jour cela arrivera. J'espère aussi vraiment que Marvel aura des bébés. Je veux les garder. Vous savez ce que c'est, si vous avez un Frenchie, vous ne pouvez pas vous contenter d'un seul ! » Oui, je sais, Ellen, je regarde les annonces de Frenchies quotidiennement en espérant qu'un jour Toutoute ait une petite sœur ou un petit frère.

[50] « Oh mon Dieu, c'est Marvel ! »

En Inde, un Club Med canin avec une piscine en forme d'os

En périphérie de Bangalore, les grands parcs informatiques comme IBM ou Capgemini ont élu domicile, et non loin, les quartiers des classes supérieures au nord-est de la ville, souvent des expatriés, promettent une vie en quasi-autarcie. Après un taxi, quelques stations d'un métro tellement neuf que les habitants n'osent pas le prendre, le championnat olympique du contournement de vaches, l'absence totale de signalisation et l'apprentissage du code du klaxon indien (une fois « je suis là », deux fois « je te dépasse » et trois fois « j'ai fini »), nous voilà chez Therpup, le « paradis du chien », dans le quartier de Whitefield. Comme à Los Angeles et son Dog PPL (rendez-vous partie 1, pour ceux qui ont sauté des pages), l'Inde aussi dispose de ses clubs canins conçus pour les *dog parents* aisés. Coincé entre des tours, sur un terrain mordant la poussière, le club propose, moyennant un pass d'entrée de 250 roupies indiennes – environ 3 euros –, une terrasse pour les humains, un grand espace de jeu pour les chiens et des services annexes, comme l'incroyable piscine en forme d'os où trois magnifiques labradors sont en train de s'ébrouer. Impossible d'ignorer les cabanes individuelles sous les palmiers pour les humains désireux de faire garder leur chien pendant leur absence.

Une terrasse pour les humains, un grand espace de jeu pour les chiens.

Une véritable pension aux allures de Club Med ! Sans oublier le spa, l'espace de remise en forme et la boutique spécialisée dans laquelle on peut retrouver une foule de produits, dont des robes canines dans de magnifiques étoffes de soie ou de coton, surpiquées de perles. J'en ai évidemment acheté une pour Toutoute, qu'elle n'a jamais portée.

Therpup a ouvert ses portes en 2018 et compte aujourd'hui une quarantaine d'employés, selon le manager qui m'a bien fait comprendre qu'il n'avait pas envie de me parler (message reçu, Anuj !). Parmi eux, Mamppi Deb, toiletteuse certifiée – elle y tient –, propose ses services « en partenariat » avec le club. Son petit chien Abby, aux oreilles rose et orange, la suit partout. Soucieuse du bien-être animal, la professionnelle de 29 ans m'explique les spécificités des soins canins dans son pays. « Il n'existe pas de loi, ni d'école qui prépare au soin du chien. Cela peut être un job bien payé à condition que vous ayez de bonnes compétences. » Également entrepreneuse, elle propose des formations spécifiques au prix de 1700 euros, une petite somme pour le public indien, où le salaire minimum est d'à peine plus d'une centaine d'euros par mois, ainsi que des ateliers. « C'est le prix que vous devriez payer pour avoir une formation sérieuse ! m'explique-t-elle alors qu'un labrador ne fait pas le malin dans le bac à shampoing. Il y a eu des accidents dans ce pays avec les toiletteurs, car ils ne sont pas toujours bien formés. C'est pour cela que j'enseigne les bonnes pratiques : par exemple, apprendre à déplacer correctement un animal. Sinon, comment voulez-vous ne pas lui blesser les pattes ? »

TOUTOUTE AT WORK :

Le chien est-il le nouveau babyfoot ?

Julie Chanal est heureuse. Après sept ans à Shanghai dans la gestion de projet, cette Française, jeune trentenaire, a été embauchée le mois dernier chez Wamiz, un site d'informations sur les animaux de compagnie basé à Paris. Depuis, plusieurs jours dans la semaine, elle vient avec Polo, son chien de « 7 ans et 3 mois » qu'elle a trouvé « ou qui m'a trouvée » dans les rues de Shanghai. Alors qu'elle découvre la charge que représente un chien au quotidien, l'expat s'aperçoit qu'il existe dans cette ville un vrai besoin autour de la garde d'animaux. Elle crée sa communauté d'entraide sur WeChat, l'équivalent du WhatsApp chinois. Le service, baptisé HappyNest, décolle. « Petit à petit, j'ai diversifié les services. D'abord la garde, puis le toilettage et des services de soin et enfin l'éducation, le tout à domicile. » Quatre ans plus tard, la *dog mum*, tatouée à l'avant-bras de la tête de Polo, revend le service, avec dans l'idée de rentrer en France. Elle touche une somme confortable et se réinstalle à Paris.

Pour Wamiz, Julie était la candidate idéale. Elle y développe un projet innovant de communauté pour les amoureux des animaux. Pour Polo et les autres chiens de l'entreprise, c'est le bonheur. « J'ai la chance de pouvoir venir au travail à pied. On fait la balade du matin et on mange sur place. Tout est prévu pour que les chiens puissent déjeuner ou dîner, avec des gamelles d'eau et de nourriture. Ensuite, Polo fait son petit tour et dit bonjour à tout le monde, ou presque. Il a ses têtes, il va directement voir ceux qu'il préfère (*rires*). Comme on a deux jours de télétravail obligatoire par semaine, on ne voit pas les mêmes personnes. Après, c'est la sieste. Comme à la maison, il se met sous un bureau et dort. Le midi, on part déjeuner, je l'emmène. Puis sieste à nouveau l'après-midi. Et quand il se réveille, il peut jouer avec les autres chiens ou s'amuser seul avec des jeux. » L'entreprise a pensé à tout, jusqu'aux moindres détails. Les câbles électriques, par exemple, particulièrement appréciés des chiens qui ont tendance à les mâcher, sont rangés dans des boîtes et ne traînent pas à portée de patte, de museau… ou de dents. Des brosses à vêtements sont en libre-service pour enlever les poils. « Il y a même des petits snacks ou des lingettes pour nettoyer les pattes. »

« La présence de chiens au travail brise la glace avec les collègues. »

Pour que chacun puisse travailler sereinement, seuls quatre chiens par jour sont admis dans l'entreprise. Ce système de roulement est organisé pour éviter que les dix chiens de l'équipe ne soient présents en même temps. « L'espace est aussi suffisamment aéré pour que les chiens ne se sentent pas trop oppressés. Et surtout, pour que l'on puisse aussi travailler. Car ils captent beaucoup notre attention. » Julie avoue volontiers qu'il peut y avoir une petite perte de concentration « lorsqu'ils font des trucs trop mignons et que tu as envie d'aller leur faire des papouilles ». En ce moment, le danger vient de deux chiots « adorables » qui « font mourir de rire l'équipe ». « Ça n'aide pas à travailler, confie la collaboratrice, mais ça brise la glace et tu te mets à discuter bien plus facilement. Sur le bien-être au travail, c'est sûr que ça a de l'impact. »

En France comme à l'étranger, les initiatives se multiplient pour accueillir ces nouveaux membres de la famille qu'on ne veut plus laisser seuls toute la journée. Google a été précurseur en la matière : les animaux de compagnie y sont acceptés depuis longtemps, et les chiens ont même un petit nom, les « *dooglers* » (composé de *dog* et Google). Les chats sont aussi les bienvenus. Ils ont été baptisés les « *mewglers* ».

G

Doogler MK

En France, cette tendance est portée depuis 2014 par la marque de nourriture animalière Purina (groupe Nestlé) et Royal Canin (groupe Mars). Le programme « Pet at Work » de Purina accompagne les entreprises dans la mise en place d'un protocole pour que chiens et humains cohabitent au travail. La marque a tout intérêt à accompagner l'intégration des chiens en entreprise. Après tout, plus on les aime et on les considère comme des membres de la famille, plus on dépense de l'argent pour eux... Toutefois, ce protocole répond à une vraie demande. Selon le baromètre de la Société centrale canine publié en avril 2024[51], 39 % des Français souhaiteraient que les chiens soient davantage acceptés en entreprise. Ce chiffre monte à 53 % chez ceux qui en possèdent un.

David Abiker n'a pas attendu l'initiative d'une marque de croquettes pour amener son chien au travail. En véritable précurseur, ce journaliste, présentateur de la matinale sur Radio Classique, trimbale son Cavalier King Charles, Obi-Wan, dans ses émissions depuis dix ans. « Je l'ai d'abord emmené avec moi chez Europe 1, puis chez Radio Classique. C'est devenu ma mascotte. À la nunucherie apparente de l'affaire, les gens se sont questionnés. Et finalement, partout où j'ai emmené mon chien, les gens étaient heureux. » En 2017, le présentateur a même créé « La ligue canine des travailleurs », un mouvement sans statut, avec un petit logo de chien affublé d'un béret porté à la Che Guevara et des crayons dans les poches. « J'ai aussi fait des mugs », ajoute fièrement l'animateur. En plus d'Obi-Wan, David a récupéré Mousse, le chien de sa maman lorsque celle-ci est partie en maison de retraite, et les deux chiens cohabitent avec amour.

---

[51] « Les Français et le chien », baromètre 2024, étude CSA pour la Centrale canine et Adocom.

Ces dernières années, les bénéfices du « *pet at work* » ont été largement relayés : moins de stress, une meilleure communication entre les équipes ou tout simplement plus de bien-être au travail. C'est même devenu un argument comme un autre pour recruter et retenir de nouveaux talents, à l'image du fameux baby-foot il y a quelques années. L'initiative s'est répandue dans plus d'une vingtaine de pays. La Société centrale canine (vous savez, celle qui gère le Livre des origines) a rejoint la cause. Même les collectivités ont commencé à autoriser leurs agents à venir au travail avec leur chien. Des tests sont en cours dans plusieurs villes françaises comme Grenoble ou Nice, dans certaines mairies d'arrondissement de Paris, à Mennecy dans l'Essonne, Saint-Pierre-lès-Elbeuf en Seine-Maritime, Suresnes dans les Hauts-de-Seine, ou encore La Verrière dans les Yvelines. Aux États-Unis, en Angleterre, aux Pays-Bas, en Allemagne, la pratique est entrée dans les mœurs. Dans ces pays, autour du mois de juin, c'est le "*Take Your Dog to Work Day*" : les chiens ont le droit d'accompagner leur maître au travail.

Petit à petit, on voit même le statut du chien évoluer. Chez SantéVet par exemple, leader de l'assurance santé pour les animaux de compagnie en France, on offre un congé « patte-ernité » (« *pawternity* ») de deux jours, à prendre dans les trois mois de l'adoption par le salarié.

Le « *pet at work* » est devenu un argument comme un autre pour recruter et retenir de nouveaux talents.

Les bénéfices du « *pet at work* » : moins de stress, une meilleure communication entre les équipes et plus de bien-être au travail.

CONCLUSION

Leurs enfants chiens après eux

Quelle place pour nos chiens demain ?

Le nouveau statut des animaux dans nos vies soulève de nombreuses questions d'ordre pratique, éthique et légal. Quelle place leur ferons-nous demain ? Dans nos villes d'abord, le problème de la cohabitation se pose. Depuis quelques années, partout dans le monde, sont apparues les premières engueulades aux caniparcs, les premières tensions entre les *dog parents* et les parents tout court, mais aussi les premiers palmarès des villes où il fait bon vivre avec son chien. Aux États-Unis, selon un classement de *Forbes*[52], Kansas City dans le Missouri, Nashville dans le Tennessee et Albuquerque au Nouveau-Mexique seraient les villes les plus agréables pour les *pet parents*. En France, en avril 2024, le magazine 30 *Millions d'amis* a publié un classement des villes de plus de 100 000 habitants où il fait bon vivre avec son chien. En tête, on retrouve le trio Lille, Nice et Bordeaux.

Des labels commencent à éclore pour les villes qui agissent en faveur des animaux. Depuis 2020 et tous les deux ans, la Région Île-de-France décerne un titre de « Ville amie des animaux », de niveau 1, 2 ou 3 pattes, que l'on pourrait comparer aux « Villes et villages fleuris » du bien-être animal. Pour l'obtenir, les mairies doivent s'engager sur de nombreux piliers comme la formation des policiers municipaux, l'adoption des animaux perdus, l'aménagement des espaces de promenade et des caniparcs ainsi que des cimetières et enfin la place

52 "Best cities for pet owners 2024", *Forbes*, avril 2024.

faite aux animaux de compagnie pour les personnes hospitalisées ou vivant en Ehpad. À ce jour, 110 communes ont obtenu ce label et certaines la distinction ultime des trois pattes comme Boulogne-Billancourt, Levallois-Perret, Montreuil, Yerres ou Saint-Germain-en-Laye. La Fédération française de la protection animale souhaite généraliser ce label « Villes et villages amis des animaux » en fonction du nombre de services rendus à la cause animale.

Des initiatives privées pour une meilleure insertion des chiens éclosent également un peu partout en France. On l'a vu, ils sont de plus en plus acceptés au travail, dans certaines entreprises et mairies. Ils ont leur propre festival, le Woofest, avec des activités, des jeux et des conférences sur l'univers du chien. L'événement grandit et des sessions ont lieu à Lyon, Lille, Paris, Nîmes et Nice.

ON VOIT ÉCLORE DES RESTAURANTS, DES HÔTELS, DES CANI-PISCINES ET DES LIEUX DE VACANCES SPÉCIALISÉS SUR LE CRÉNEAU DU TOUTOU.

Les disciplines à pratiquer avec son chien explosent. On connaissait déjà l'agility, un parcours d'obstacles. On peut maintenant s'essayer au cani-paddle (du paddle avec son chien), au cani-cross (course), au *dog dancing* pour lequel on interprète une chorégraphie avec son chien. On voit aussi éclore des restaurants, des hôtels, des cani-piscines et des lieux de vacances spécialisés sur le créneau du toutou. Il existe même le Vinted du chien, My Pet Corner, pour acheter et revendre des accessoires (d'occasion) et de la nourriture (de première main). Dans le cadre de la loi « bien vieillir », les chiens sont maintenant autorisés en Ehpad à condition de pouvoir assurer leurs besoins et de respecter les conditions d'hygiène et de sécurité. Ils sont même conviés dans certains hôpitaux, à l'Institut Curie à Paris par exemple, où ils apportent quelques moments de répit aux patients accueillis en réanimation ou en soins palliatifs.

Tous les animaux sont-ils égaux aux yeux de la loi ?

Quel statut du chien demain ?

D'un point de vue légal, le changement de statut de nos chiens reste encore à définir. Le Code civil reconnaît les chiens comme « êtres vivants doués de sensibilité », le Code pénal punit sévèrement les mauvais traitements, mais leurs droits restent flous face à la justice. Car le chien n'est pas reconnu comme une personne (il n'a pas de personnalité juridique). Il reste la propriété d'autrui, soumis au régime des biens meubles ou immeubles. Un joli petit bazar qui a pour conséquence de compliquer les décisions de justice. Elles se rendent donc au cas par cas, comme lors d'une séparation, par exemple, pour savoir qui obtiendra la garde de l'animal. Cependant, de nombreux avocats observent que les décisions de justice vont de plus en plus dans le sens du bien-être de l'animal. Mais il reste encore des efforts à faire sur la sensibilisation des autorités quant au dépôt de plainte concernant un animal de compagnie, ainsi que sur la généralisation d'experts indépendants (éducateurs ou vétérinaires) qui pourront décider, lors des séparations, quel est le meilleur foyer pour accueillir l'animal.
La protection et les droits des animaux de compagnie s'intensifient.
À l'initiative du Conseil national de la protection animale (CNPA), la mise en place du numéro 3677 vise à simplifier les signalements de maltraitance.

Demain, le chien sera-t-il une personnalité juridique à part entière ? Si oui, il faudra alors reconsidérer l'ensemble de nos activités et lui accorder des droits similaires aux nôtres. Faut-il s'attendre à une meilleure prise en compte des droits des animaux au niveau européen, voire mondial ? L'Allemagne a instauré un « permis de conduire pour chien » depuis 2016, avec des épreuves pratiques et théoriques à valider. À Hambourg ou à Berlin, ceux qui ont passé cette formation ont par exemple l'autorisation de promener leur chien sans laisse. On voit aussi apparaître des interdictions d'activité comme le puppy yoga en Italie, pratique considérée comme stressante pour les bébés chiots et contraire à leur bien-être.

Enfin, si les chiens (et les animaux de compagnie en général) ont un statut particulier, que dire alors des autres animaux, d'élevage ou encore sauvages ? Se posera la question de savoir si nous avons des chouchous au sein du règne animal, ou si tous les animaux sont égaux à nos yeux ou aux yeux de la loi.

À quoi ressembleront nos chiens ?

La question légale en soulève une autre, d'ordre éthique, celle de la « production » de chiens. Pour satisfaire la demande croissante de mignoncité canine, le phénomène des hypertypes – comme le museau archiplat chez le Frenchie ou le boston terrier, l'abondance de plis chez le sharpeï ou le bulldog anglais ou encore les têtes de plus en plus petites comme chez le Cavalier King Charles – crée des dommages irréparables pour les chiens. J'ai eu de la chance avec Toutoute, elle a un nez suffisamment long pour ne pas avoir de mal à respirer, mais elle souffre de bien d'autres problèmes de santé liés aux dérives mal encadrées de sa race. Quand certaines personnes vont trois fois chez le vétérinaire en deux ans, j'y ai accompagné Toutoute pas moins de… vingt fois ! La hausse de la production de certains chiens due aux modes inconscientes met la génétique de ces toutous à mal. Et choisir tel ou tel type d'animal a de graves conséquences sur leur bien-être. Ils sont en moins bonne santé, souffrent de malformations qui peuvent les empêcher de vivre. Certains pays commencent à légiférer. Le tribunal d'Oslo a interdit l'élevage du bulldog anglais et du Cavalier King Charles en Norvège ; les Pays-Bas veulent aller plus loin en interdisant la possession de chiens brachycéphales comme le bulldog anglais, le bouledogue français, le carlin, le pékinois et le boston terrier.

AUX ÉTATS-UNIS, DES INFLUENCEURS METTENT MÊME SUR LE MARCHÉ DES CLONES DE LEUR ANIMAL *PETFLUENCEUR*… *NO COMMENT*.

Des yeux bleus ? Un pelage bringé ou bleu ? Un poil raide ou frisé ? Vous ne voulez pas d'un chien qui aboie, mais au contraire qu'il obéisse ? Un caniche croisé avec un berger pyrénéen ? L'arrivée sur le marché des *designer dogs*, comme les goldendoodle, cockapoo, bernedoodle et autres franken'chiens est aujourd'hui possible grâce aux nouvelles techniques de reproduction. Pour peu que vous y mettiez le prix (à partir de 4500 dollars), vous pouvez commander auprès d'élevages peu scrupuleux votre chien quasi à la demande, comme une paire de baskets sur mesure. Mais comment surveiller et encadrer l'élevage de ces nouveaux chiens ? Qu'adviendra-t-il d'eux quand la mode sera passée à une autre race de créateur ? La question reste entière.

Plus questionnable encore, le clonage. Car oui, moyennant plusieurs dizaines de milliers de dollars, vous pouvez aujourd'hui faire cloner Pépette. Le président argentin Javier Milei ne s'en est pas privé. Dévasté par la mort de son mastiff Conan, il l'a fait cloner quatre ou cinq fois (les versions divergent). Ce processus, illégal en Europe, est autorisé en Chine ainsi qu'aux États-Unis où de nombreuses entreprises ont investi le marché, s'adressant en majorité aux personnes anéanties par le décès d'un animal. La Corée du Sud, via la Sooam Biotech Research Foundation, propose un service similaire. Aux États-Unis, des influenceurs mettent même sur le marché des clones de leur animal *petfluenceur*... *No comment*. Ces pratiques ne sont pas sans conséquence. Pour chaque chiot viable, ce sont plusieurs dizaines qui ne survivront pas. Par ailleurs, reproduire un code génétique identique à celui d'un animal vivant ne garantit pas une personnalité identique puisque son environnement, l'éducation qu'on lui fournit mais aussi l'amour qu'on lui prodigue comptent tout autant que l'hérédité.

À rebours de ces pratiques extrêmes, les spécialistes du monde canin notent depuis quelques années une sorte de retour aux sources. Les races de chiens de terroir, équivalent canin du légume ancien, réapparaissent dans certaines régions, comme en Corse avec le cursinu à la popularité grandissante, bien qu'encore confidentielle. Adopter proche de chez soi un chien qui nous ressemble, si possible dans un refuge, devient plus politiquement correct que de craquer pour un chien de race vu sur Instagram, dont le contexte de production et l'histoire ont démarré à des milliers de kilomètres. Le chien sera-t-il le futur terrain d'expression de l'affirmation identitaire ?

Les chiens nous rendront heureux, pas les algorithmes !

On sait déjà que nos chiens seront de plus petite taille, pour répondre à notre espace vital qui se réduit, mais également plus gras, comme nous, à cause d'un régime alimentaire industriel et d'un manque de sorties...
La gestion de la population canine passera par une meilleure identification au niveau mondial. C'est une certitude. Des entreprises commencent même à développer des systèmes de reconnaissance de truffe. Car chez le chien, elle est l'équivalent des empreintes digitales. Depuis trois ans, l'entreprise sud-coréenne Petnow entraîne une intelligence artificielle à reconnaître les museaux des toutous. Cette technologie biométrique est capable d'identifier les chiens en scannant leur bouille via une application iPhone. Toutefois, il faudra attendre encore quelques années pour entrer dans la science-fiction, car l'entreprise peine avec les chiens entièrement blancs ou noirs, dont elle n'arrive pas à localiser la truffe.

> La truffe est l'équivalent chez le chien des empreintes digitales chez l'homme.

Avec le développement de l'intelligence artificielle et de technologies toujours plus avancées, certains, comme le sociologue des chiens Christophe Blanchard, se demandent même si nous aurons encore vraiment besoin des chiens dans leur enveloppe biologique. Le NYPD (New York Police Department) utilise déjà les robots de Boston Dynamics en reconnaissance lors de situations à risque. Ils sont cependant effrayants et métalliques. Autre option : les rendre immortels grâce à un médicament. La start-up californienne Loyal, fondée par Céline Halioua, promet de prolonger la vie de Médor d'au moins un an... Avant l'éternité ? Ce serait passer à côté de ce que les chiens ont de plus précieux à nous offrir, leur flair, leurs caresses, leur joie, leur bonne humeur et leurs léchouilles. Et celles de leurs enfants chiens après eux.

FIN

Les fi~fiches

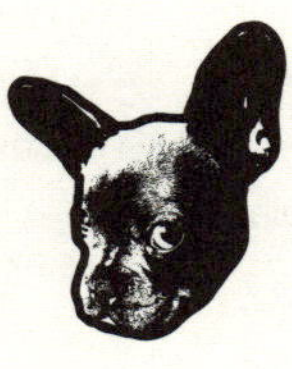

des chiens-chiens

Comment lire les cartes de densité par race ?

Grâce aux données de l'I-Cad, l'organisme chargé de l'identification et de l'enregistrement de tous les chiens présents sur le territoire, nous avons évalué la proportion que représente chaque race par département. Plus un département apparaît en foncé, plus ce chien est répandu dans cette zone. Lorsqu'il y a beaucoup de trous dans la carte, c'est que la race ne fait pas partie du top 50 dans ces départements.

Comment lire les courbes ?

Grâce aux archives enregistrées et mises en ligne sur le site de la Société centrale canine, nous avons pu reconstituer la courbe de popularité de chaque race sur un demi-siècle, de 1970 à nos jours. Chacune d'elles indique le nombre de chiots inscrits chaque année par les éleveurs au LOF (Livre des origines français). Ces fluctuations de l'offre sont un bon indicateur de l'évolution de la demande.

Comment lire les diagrammes en toile d'araignée ?

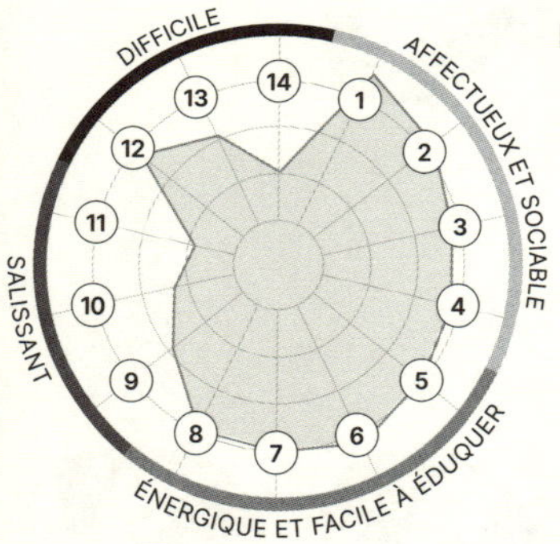

Certains d'entre vous ont peut-être déjà passé des tests de personnalité lors d'un entretien d'embauche. Le plus connu, le « Big Five », interprète les points forts et les points faibles des candidats sur un diagramme. Nous avons fait la même chose avec nos toutous, grâce aux données de l'American Kennel Club (AKC), équivalent américain de la Société centrale canine française.

L'AKC propose une évaluation en quatorze critères du comportement de chaque race. Nous les avons regroupés en quatre grandes familles.

Cette combinaison de critères forme un profil unique pour chacun des toutous. Attention, comme pour les tests de personnalité des humains, ils sont à prendre avec des pincettes et probablement que votre toutou ne rentre pas dans une case. Enfin, le contour grisé présent sur chaque toile d'araignée représente la moyenne de tous les chiens.

CHIEN AFFECTUEUX ET SOCIABLE

1. Affectueux avec la famille
2. Aime les enfants
3. Aime les autres chiens
4. Aime les inconnus

CHIEN ÉNERGIQUE ET FACILE À ÉDUQUER

5. Joueur
6. Facile à éduquer
7. Énergique
8. Besoin de stimulation

CHIEN SALISSANT

9. Perd ses poils
10. Doit être brossé fréquemment
11. Bave beaucoup

CHIEN DIFFICILE

12. Protecteur
13. Aboie beaucoup
14. S'adapte difficilement

Définition des pictos

Origine — Espérance de vie — Hauteur/Taille — Poids — Famille — Où les croiser ?

Intelligence — Taux d'obéissance — Avec les enfants — Loyauté — Ses +

Bienvenue dans la section bonus de ce livre, intitulée en toute sobriété « Les Fi-fiches des chiens-chiens » !

Nous, les *dog parents*, on est un peu tous les mêmes: ce qu'on adore, c'est montrer des photos de notre toutou sur notre smartphone, parler de lui et lire des infos croustichocs sur ses congénères !

C'est pourquoi j'ai voulu proposer un **portrait à la fois instructif et décalé de chaque toutou**, en ne reculant devant aucun jeu de mots... Évidemment, avec plus de 310 races recensées au LOF (le fameux Livre des origines), il a fallu faire des choix parfois cornéliens : faut-il intégrer le cocker, le shih tzu et le staffie ? (La réponse était évidemment : Oui !) Aura-t-on la place en maquette pour intégrer le corgi ? (*Spoiler* : non, déso pour lui.)

Bref, ces 23 portraits de toutous passent en revue les chiens les plus populaires du moment, ceux qui l'ont été en leur temps et parfois des chiens pas si répandus mais qui buzzent grave sur les réseaux ! J'espère que vous les lirez avec autant de plaisir que j'ai pris à les écrire, en ping-pong avec l'équipe.

Sommaire

Beagle

Chien de chasse par excellence, on l'adorait du temps du roi Henri VIII et de la reine Élisabeth Ire. À cette époque, il était d'ailleurs tout petit petit, au point qu'on pouvait le glisser dans une poche de veste de chasse. Depuis, le pocket chien est devenu grand, mais il a gardé son instinct qu'il vaut mieux savoir canaliser.

Grande-Bretagne | Jusqu'à 16 ans | Moyen | Jusqu'à 17 kg, le pépère

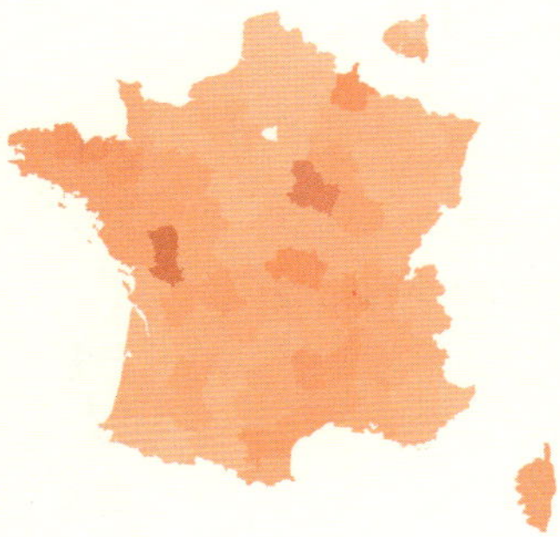

Hyperactif attendrissant

Apprécié dans le sud et l'ouest de la France

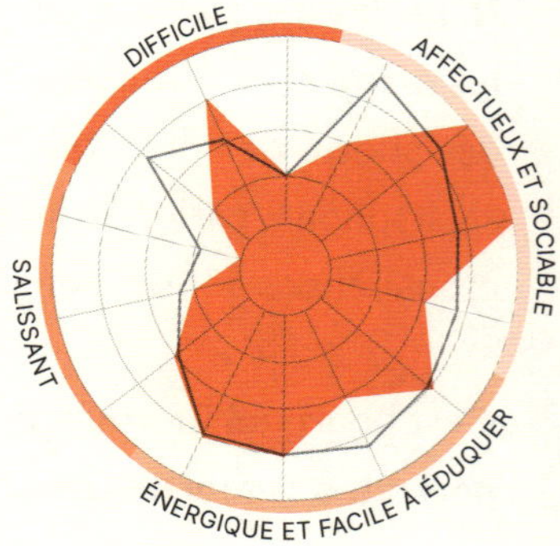

Intelligence élevée, qu'il manifeste en aboyant avec beaucoup d'enthousiasme

Il va vous rendre chèèèvre

Gentil et patient

Proche de ses maîtres

Joueur et affectueux

Ce qu'on dit de lui quand il n'est pas là

« Tiens, y avait pas des pieds à ce canapé ? »

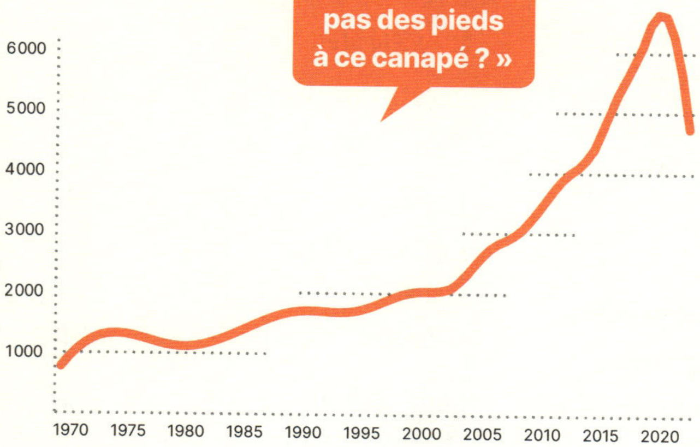

Ce qu'en pensent les autres chiens « Encore un qui a des problèmes d'hyperactivité. » Son maître âme sœur Quelqu'un qui aime passer du temps en extérieur Jeu fétiche Courir partout tout le temps Le gros risque Qu'il parte à la chasse et que vous perdiez votre place Le must Avoir un bâton à portée de patte Beagles célèbres Snoopy, le chien de la BD de Charles M. Schulz. Malgré sa couleur noire et blanche, le fameux chien qui dormait au-dessus de sa niche était bien un beagle /// Lou, le beagle chargé de protéger une famille humaine contre le machiavélique Mr Tinkles, un chat persan dans *Chiens et Chats* (2022) Entendu au caniparc « Big gueule. »

Berger allemand

Il a tour à tour été berger, pompier, soldat… et égérie croquettes dans les années 1980. Il est beau, bosseur, polyvalent. Le berger allemand, c'est un peu le superman du chien.

Le berger allemand est donc… suspense… allemand | 12 ans | XL | Maous costaud (jusqu'à 40 kg)

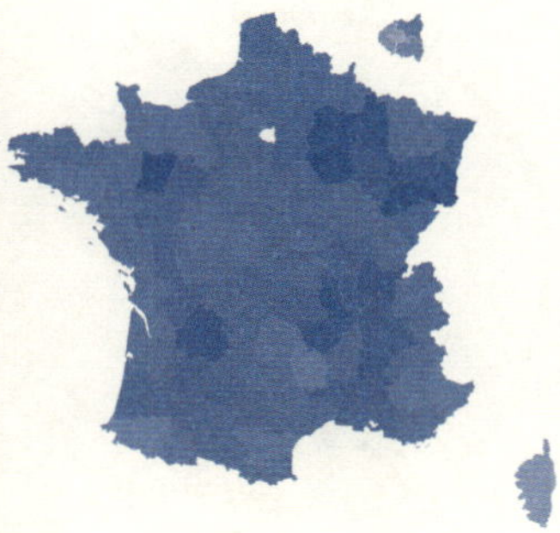

Chien du périurbain

Partout où il y a de l'espace, dans les zones pavillonnaires et à la campagne, surtout dans l'Est et dans la vallée du Rhône

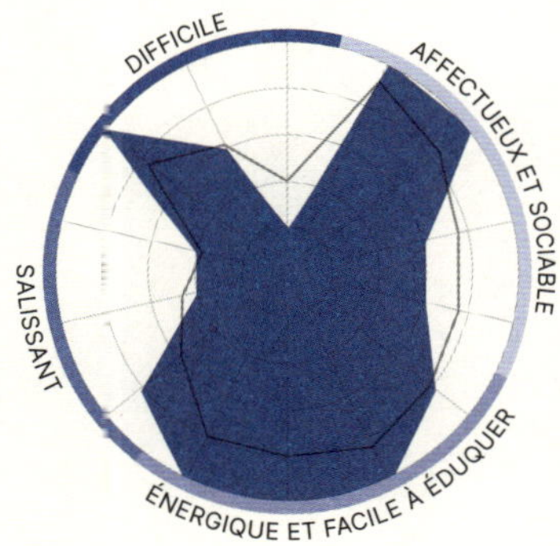

Grosse capacité d'apprentissage

Hallucinant, mais il nécessite tout de même d'y consacrer du temps et de s'y connaître en éducation canine

Inoffensif et bon gardien

Amour à toute épreuve, attention à sa réactivité vis-à-vis des autres chiens

Protecteur et super toutou, pas de doute, on se sent protégé !

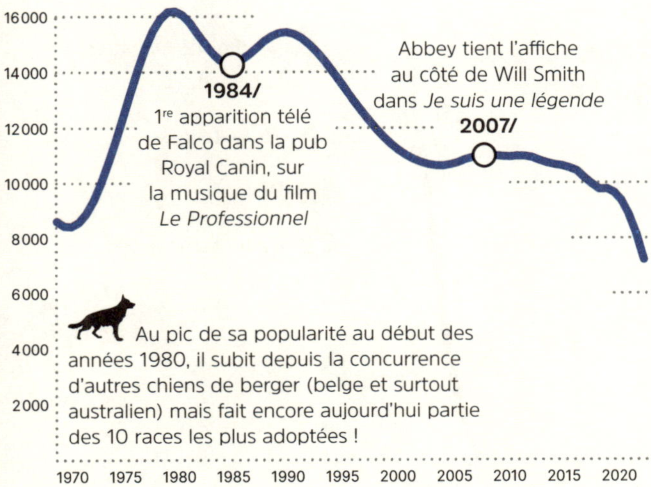

Au pic de sa popularité au début des années 1980, il subit depuis la concurrence d'autres chiens de berger (belge et surtout australien) mais fait encore aujourd'hui partie des 10 races les plus adoptées !

Ce qu'on dit de lui quand il n'est pas là « Piouf, je vais pouvoir me reposer. » Ce qu'en pensent les autres chiens « Mais il s'arrête parfois ?! » Son maître âme sœur Un sportif pédagogue Jeu fétiche L'agility, le cani-cross, la balle, le frisbee, la course, cache-cache. Prenez le tout et recommencez trois fois Le gros risque Qu'il s'ennuie. Si c'est le cas, attention aux grosses bêtises Bergers allemands célèbres Rintintin /// Rex, chien flic /// Mabrouk, puis Mabrouk Junior puis Mabrouka, saga de mascottes de « 30 Millions d'amis » Entendu au caniparc « Il n'aurait pas un petit TDAH non diagnostiqué ? »

Berger américain miniature

Vous trouvez qu'il ressemble à son cousin australien ? Normal, il s'est d'abord appelé « berger australien miniature » avant d'adopter un nom qui souligne ses origines californiennes. Même s'il a gardé son instinct de berger, sa taille est beaucoup plus pratique pour l'accueillir sur un canapé. Et dans son cœur ?

États-Unis · Jusqu'à 15 ans · Comme un berger australien, mais en petit · Jusqu'à 18 kg (tout de même)

Berger des villes

Dans tous les lieux miniatures dans lesquels les autres bergers sont trop gros pour vivre !

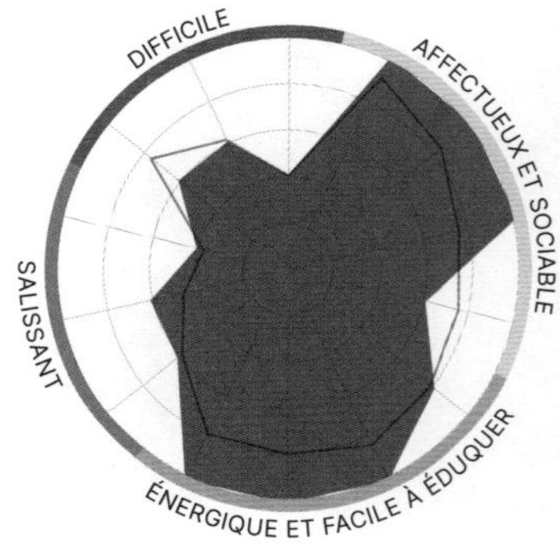

Intelligence polyvalente, a du mal à fixer son attention. Un chien TDAH ?

Renifle vos moindres faiblesses

Protecteur

Dévoué

Il a tout d'un grand

Ce qu'en pensent les autres chiens

« C'est qui, ce gringo ? »

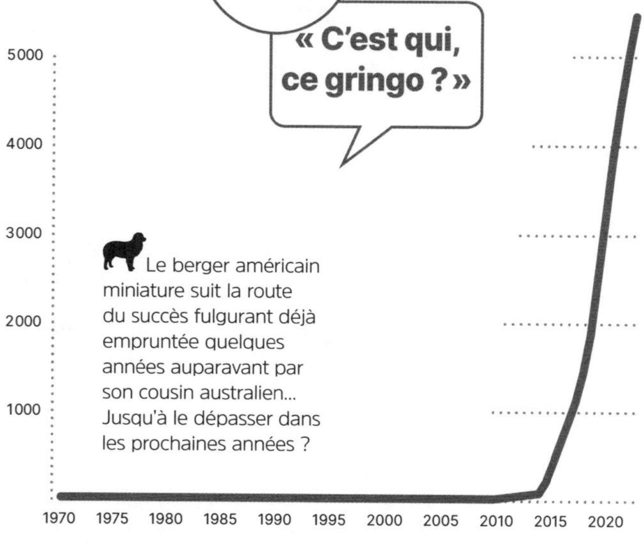

Le berger américain miniature suit la route du succès fulgurant déjà empruntée quelques années auparavant par son cousin australien… Jusqu'à le dépasser dans les prochaines années ?

Ce qu'on dit de lui quand il n'est pas là « Waf waf » · Son maître âme sœur Un grand sportif qui l'emmènera partout · Jeu fétiche Garder des troupeaux · Le gros risque Si vous le laissez seul, il trouvera des occupations qui risquent de ne pas vous plaire… · Le must À l'aise à la ferme autant qu'à la ville · Bergers américains miniatures célèbres Il n'y en a pas encore… · Entendu au caniparc « Bon alors, il est américain ou australien ? »

Il
renifle
vos
moindres
faiblesses

entendu
au caniparc

« Les gars, y a le chien préféré des Français qui rapplique. »

Berger australien

On l'aime, on l'adore, on le veut. Chien de berger en Australie ou de rodéo dans l'Ouest américain, il avait eu plusieurs vies avant de devenir en 2018 le chien préféré des Français. Normal. Il est beau, intelligent, actif, sensible… et disponible en 16 combinaisons de couleur. Véritable James Bond canin, il a besoin d'action et d'activités, sous peine de vous retourner la maison.

États-Unis (comme son nom ne l'indique pas) | Jusqu'à 15 ans | Pas si grand, pas si petit | Maous costaud

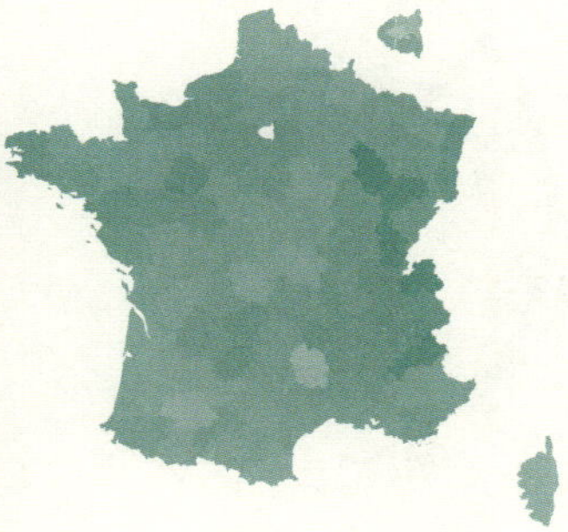

Chien familial

À l'est, de la Haute-Marne à la Savoie, dans les Pays de la Loire, dans les grands espaces et dans toutes les maisons avec jardin !

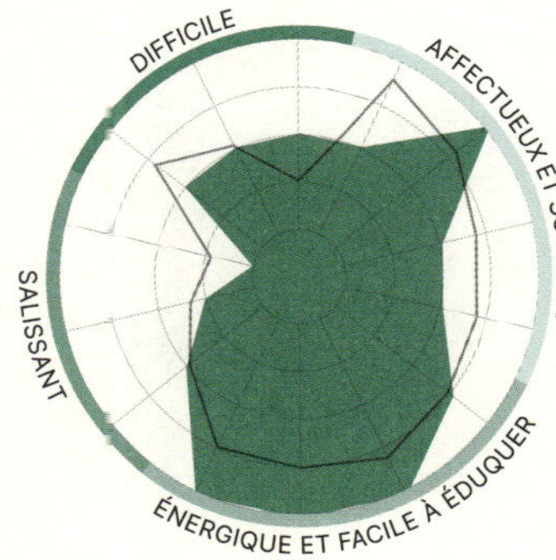

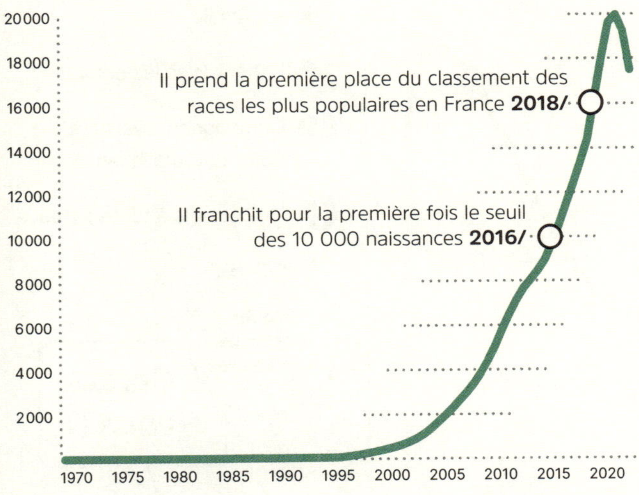

Perspicace, il comprend tout et il a besoin d'être stimulé en permanence (sous peine de choisir lui-même ses activités)

Il challenge son maître ! Mais c'est aussi le meilleur des toutous si l'on est prêt à lui poser des limites

Meilleur baby-sitter de la terre, il adore les kids

Fusionnel, il dépend de son maître

Il est toutou-terrain

Ce qu'on dit de lui quand il n'est pas là « Si c'est Aussie, j'y vais aussi. » Ce qu'en pensent les autres chiens « Pfff, il se la pète alors qu'il est même pas australien. » Son maître âme sœur Une personne sportive et attentive à son niveau d'énergie, en ville comme à la campagne Jeu fétiche La balle (mais attention, ça peut aussi le rendre fou) Le gros risque Le laisser imaginer tout seul ses jeux d'occupation (hum hum) Le must Lui faire faire du cani-cross ou de l'agility Bergers australiens célèbres Atreyu, le chien de Cœur de Pirate (@atreyutheaussie) /// Albert, le chien de Romain Duris dans *Le Règne animal*

Berger belge

Quand d'autres se la coulent douce au caniparc, lui détecte des explosifs et sauve des vies. Chien favori des forces de police et de sécurité pour sa docilité et son intelligence, le berger belge et sa variété le malinois ont une réputation de gros durs. Ils font pourtant d'excellents chiens de canapé (prévoir plutôt un trois-places).

Belgique, une fois | Jusqu'à 14 ans | 58-62 cm | 20-30 kg

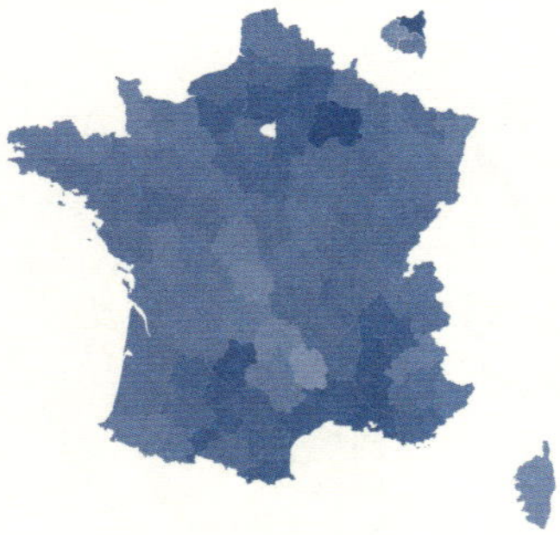

Chien flic

Dans la vallée du Rhône, en Occitanie et en grande région parisienne

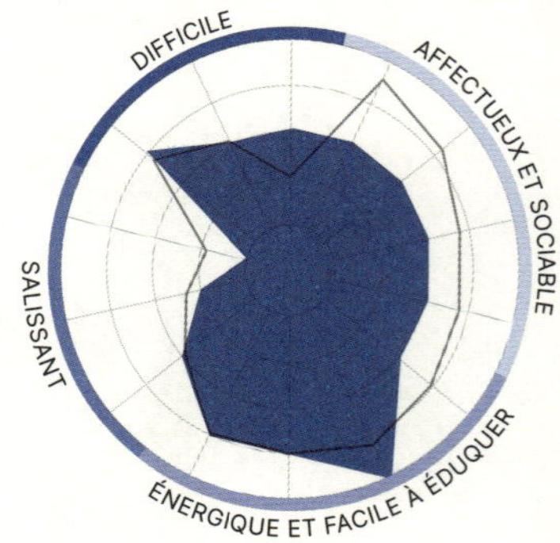

Intelligence importante et orientée sur le résultat

Maximale

Patient avec les enfants

Compagnon loyal et fidèle pour toutoute la famille

Un courage à toute épreuve

Avec exactement 11 267 chiots inscrits au LOF, contre 10 964 pour son cousin allemand, le berger belge devient en 2016 le chien de race préféré des Français, avant d'être détrôné par le berger australien deux ans plus tard ! **2016/**

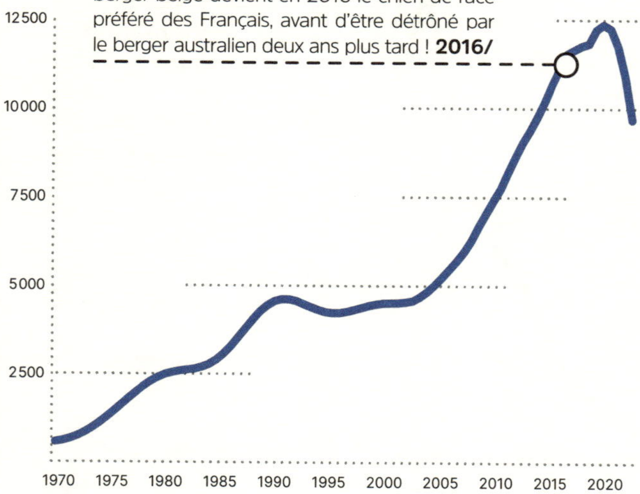

Ce qu'en pensent les autres chiens

« Garde-à-vous ! »

Ce qu'on dit de lui quand il n'est pas là « Toujours à vouloir faire sa loi. » Son maître âme sœur Un maître-chien ou un humain en quête de sécurité Jeu fétiche Arrêter des voleurs Le gros risque Qu'il procède à un contrôle d'identité au caniparc Le must L'emmener en Belgique Bergers belges célèbres Conan, chien de l'armée américaine. Il a participé au raid ayant conduit à la mort du chef du groupe État islamique Abou Bakr al-Baghdadi Entendu au caniparc « 22 v'là les flics ! »

CHIEN CHOUBIDOU

Bichon frisé

Tout est mignon chez cette petite bête. Sa frimousse, ses poils, et même son nom, qui lui vient de sa ressemblance avec le barbet, un chien d'eau rustique très frisé. On l'a d'abord surnommé « barbichon », puis « bichon ». Et le premier chien enregistré en Belgique s'est appelé… Pitou.

Franco-belge | Jusqu'à 15 ans | Jusqu'à 29 cm de hauteur tout de même | Environ 5 kg

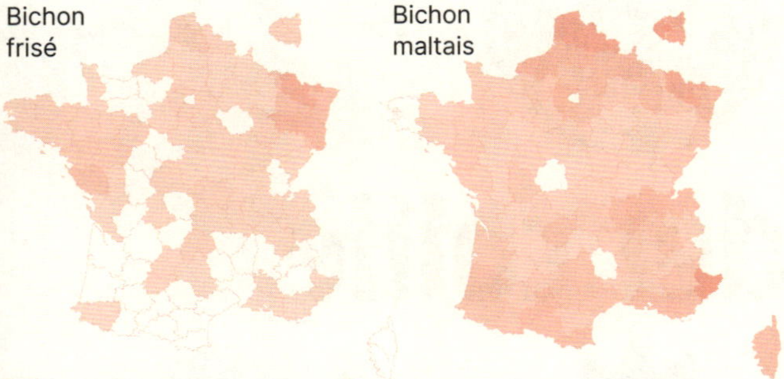

Chouchou choubidou bidou

Un frisé plutôt présent dans l'Est et un Maltais plus citadin et azuréen…

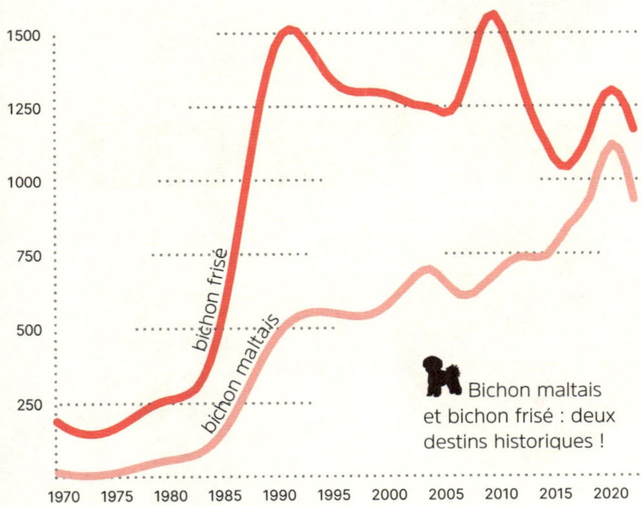

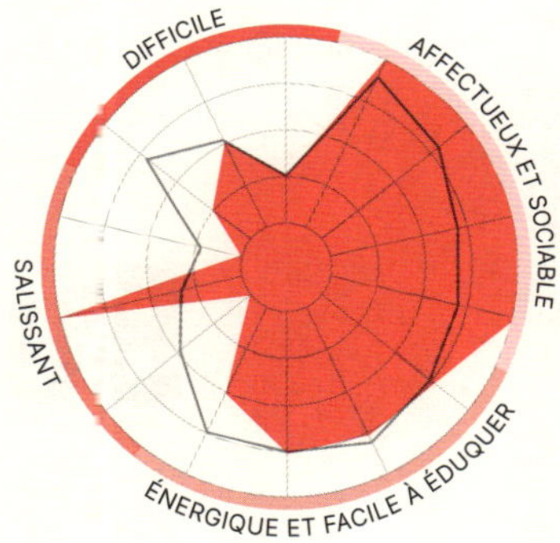

Élevée, malgré son physique de peluche

Pas incroyable, mais il est doux et assez docile

Archi affectueux, il aime les kids

Attachant avec son maître

Il aime tout le monde, chiens, chats, toiletteurs…

Ce qu'on dit de lui quand il n'est pas là « Tiens, ce serait pas le chien de Zidane ? » Ce qu'en pensent les autres chiens « Il aurait bien besoin d'un coup de peigne. » Son maître âme sœur Une personne douce qui l'emmènera partout Jeu fétiche Rester avec sa *dog family* Le gros risque Le laisser seul, il ne le supporte pas Le must Il est hypoallergénique Bichons célèbres Celui de Zinedine Zidane, même si c'est un bichon maltais et pas frisé /// Jacques Chirac et Sumo, son bichon (maltais également) /// *Bichon*, l'album de Julien Doré (même si c'est pas un chien) Entendu au caniparc « Sur la plage Coco Câline, sur la plaaage… »

Il est considéré comme le plus intelligent de tous. Ce chien de berger d'origine anglaise et écossaise (« *border* » fait référence à la frontière entre les deux pays) est capable à la fois d'obéir et d'apprendre en un clin d'œil, en plus d'être loyal et fidèle. Pas étonnant que sa performance dans la Palme d'or 2023 *Anatomie d'une chute* lui ait valu de devenir un toutou star, et même de monter les marches à Cannes !

Grande-Bretagne

14 ans

ANATOMIE D'UN SUCCÈS

53 cm

Jusqu'à 25 kg

Border collie

VS

Bouledogue français

France, mais mix de bulldog anglais et de terrier

11-14 ans

CHIEN MIGNON QUI NE SERT À RIEN

Moyenne

Fait semblant d'être léger mais pèse jusqu'à 14 kg

Poil ras, museau aplati, oreilles de chauve-souris et petit corps trapu en forme de *potato*, cet amour sur pattes regarde son maître ou sa maîtresse comme un roi ou une reine. Chien ratier adopté par les bouchers parisiens au XIXe siècle, il a vite conquis les artistes et le showbiz. Attention toutefois, le Frenchie n'obéit à rien. Une attitude de star ?

Ce qu'on dit de lui quand il n'est pas là « Il a encore gagné une Palm Dog ? » Ce qu'en pensent les autres chiens « Quel comédien celui-ci ! » Son maître âme sœur Une personne hyperactive qui comblera ses besoins de dépense physique et mentale Jeu fétiche Jouer la comédie Le gros risque Qu'il fasse des bêtises s'il s'ennuie Le must Lui apprendre des tours et lui faire passer des castings Border collies célèbres Messi (alias Snoop dans *Anatomie d'une chute*), grand gagnant de la Palm Dog 2023 /// Isia, la chienne de Michel Drucker Entendu au caniparc « Hey, ça serait pas le chien qui a joué dans le film là, mais si, Messi ! »

Chien de berger HPI

Des Pyrénées aux Alpes, c'est le chien le plus répandu. On le croise regroupant les moutons d'un troupeau comme sur un terrain d'agility.

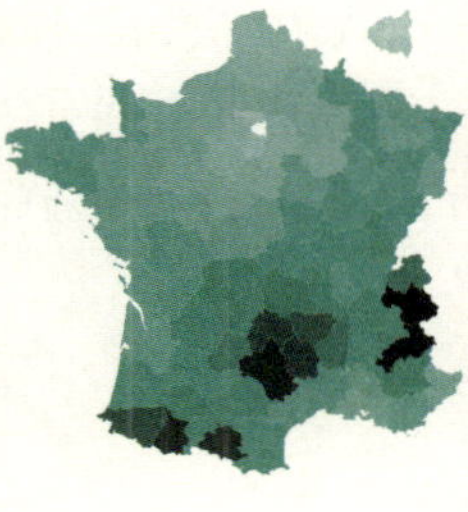

Chien de bobo

Au nord et au sud de la France, et dans les *concept stores* canins pour y déguster des Puppucinos à la sardine

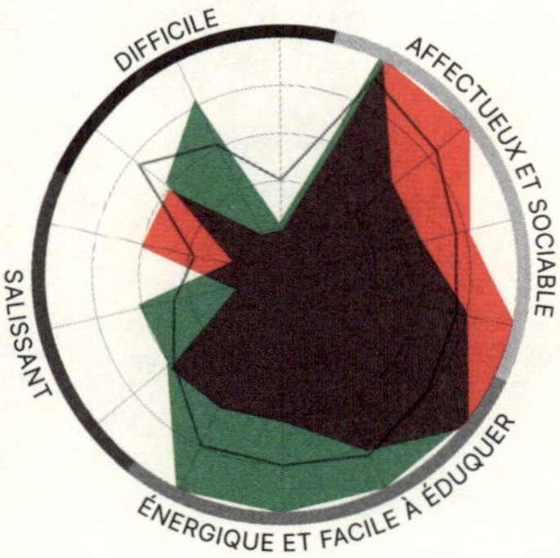

Très, très grande vivacité d'esprit	Inverse de HPI (non, c'est faux, mais il fait semblant de ne pas comprendre)
Très élevé, il aime avoir des responsabilités	Complètement nul, zéro, niet, nada, que dalle, none
Gentil, mais à encadrer	Archi-affectueux, gentil et câlin
À la vie à la mort avec son maître	Dépend de la friandise ou du jouet en jeu
S'adapte aussi à la vie en appart	Sa bouille, son petit corps de potato, ses yeux énamourés

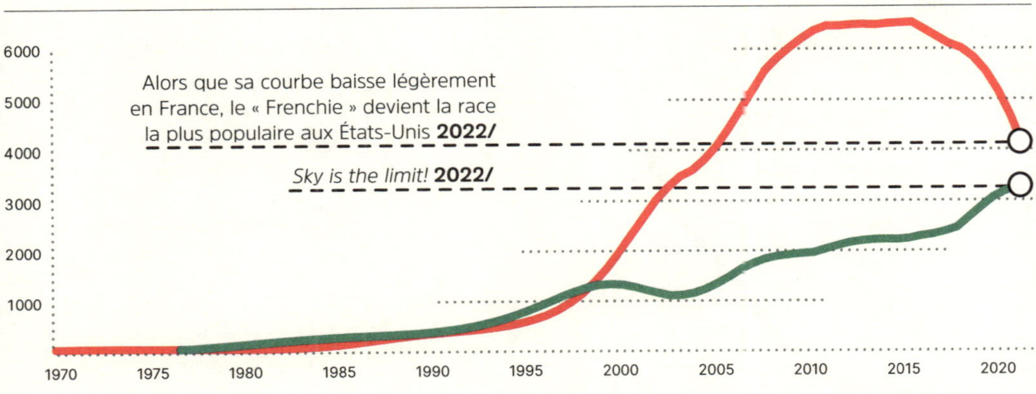

Ce qu'on dit de lui quand il n'est pas là « Beurk, Toutoute a encore pété, non ? » Ce qu'en pensent les autres chiens « Miam, Toutoute a encore pété, non ? » Son maître âme sœur Une personne qui adore aller chez le véto Jeu fétiche « Et si je te léchouillais les narines ? » Le gros risque Craquer pour un deuxième. Se repentir immédiatement Le must Lui faire manger de la pastèque puis poster la vidéo en story Bouledogues français célèbres Joséphine Baker, Mistinguett et Yves Saint Laurent en ont adopté un /// Juelz (à prononcer « *Jewels* » pour bijoux en anglais), le chien de Snoop Dogg /// Koji et Gustav, les deux Frenchies de Lady Gaga, enlevés lors d'un braquage au domicile de la chanteuse puis restitués 48 heures plus tard Entendu au caniparc « T'as lu *Son odeur après les prouts* ? Ça parle de toi ! »

Cavalier King Charles

Gracieux et élégant, il a le poil archi soyeux. Croisement du carlin, de l'épagneul nain et du pékinois, il est le parfait petit chien-bijou, non pas pour son côté accessoire, mais pour son affection et sa douceur. Son nom est un hommage à Charles II d'Angleterre qui en était fou. Et les Français aussi l'adorent !

Grande-Bretagne | Jusqu'à 14 ans | Demi-baguette | Mini (mais jusqu'à 8 kg quand même)

Royal canin

En ville et dans les banlieues cossues, même s'il s'épanouit très bien au-delà du périph

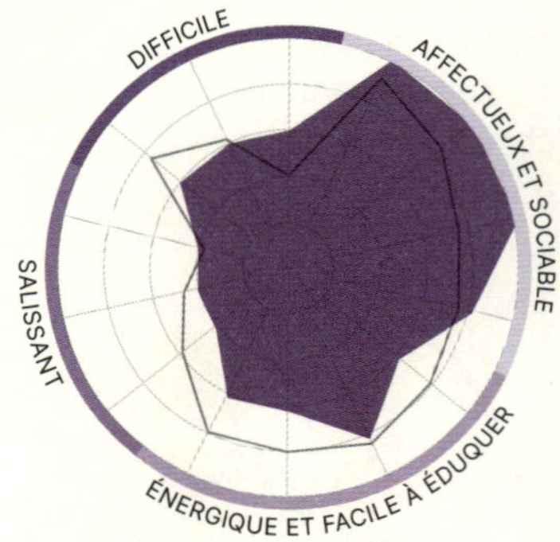

Forte, mais s'il croise une mouche, c'est foutu

Facile à éduquer

Super, avec les personnes âgées aussi

Fusionnel (il déprime s'il reste seul)

Petite boule d'énergie

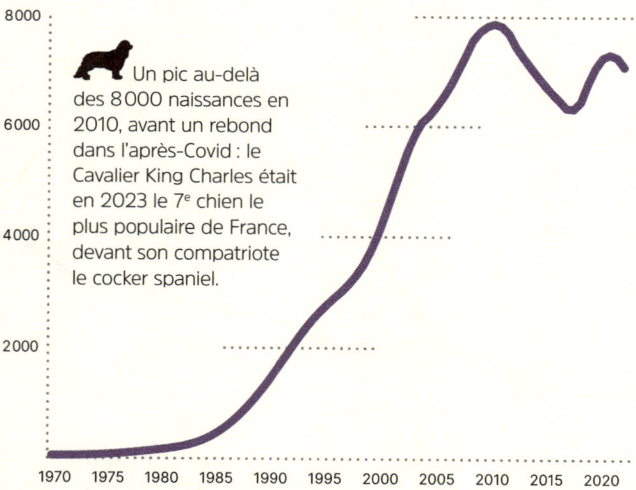

Ce qu'on dit de lui quand il n'est pas là « Il fait son King Charles. » 🐾 Ce qu'en pensent les autres chiens « King Kong. » 🐾 Son maître âme sœur Un maître pot de colle et doux 🐾 Jeu fétiche Jouer au roi 🐾 Le gros risque Qu'il s'écrase une oreille en marchant dessus 🐾 Le must Un coup de peigne et ça repart 🐾 Cavaliers King Charles célèbres Elizabeth Taylor, le Cavalier de Charlotte York dans *Sex and the City* /// Zelda, le Cavalier de l'acteur américain Seth Rogen. Il a créé un porte-briquet ayant la forme de son chien /// Chloe, la petite chienne adoptée par Grant Gustin dans la comédie romantique *dog friendly* de 2023 *Puppy Love* 🐾 Entendu au caniparc « *God save the King Charles.* »

Microchien attachiant

Chihuahua

Originaire du désert mexicain – « Oh ! Chihuahua » –, ce microchien en a gardé un goût immodéré pour les vocalises tonitruantes. Son côté mariachi ? À peu près inconnu des Français au début des années 2000, il est désormais dans le top 5 des chiens les plus répandus sur le territoire !

Chihuahua au Mexique (Oooooh Chihuahua !!!) | 14-16 ans | XXXXXXXXXXXS | Plume

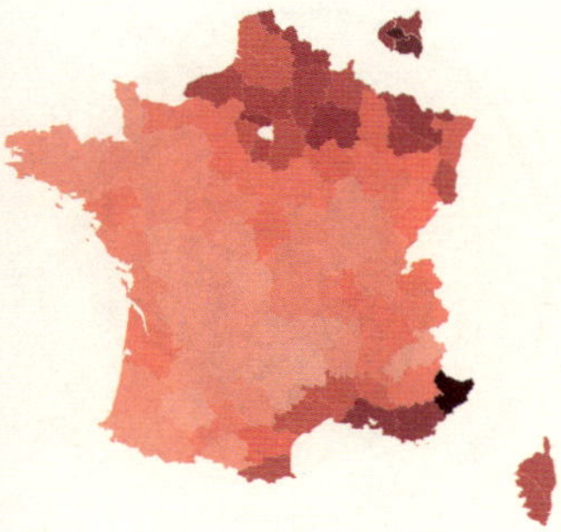

Toy dog (mais on s'emballe pas, c'est pas un cadeau)

Toutou-terrain, il trottine sur les pavés du Nord avec l'accent ch'ti, parigot tête de veau à Paris ou en mode cagole à Marseille. À noter : une – très – forte concentration entre Nice et Monaco.

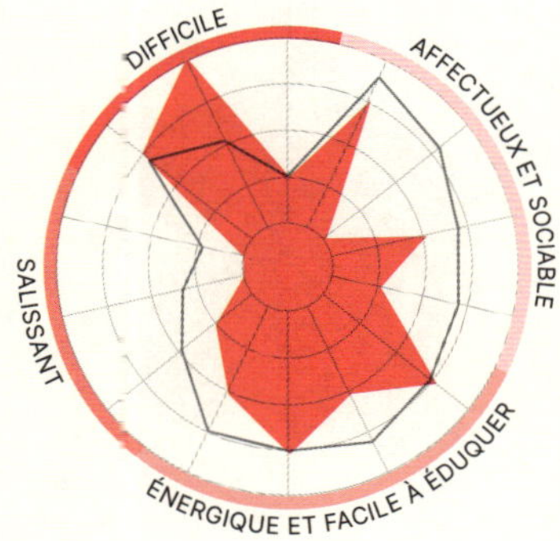

Il comprend tout, mais... il n'obéit à rien

Selon la science 30 %, ressenti 3 %

Ne les aime pas

Protecteur, mais strident

(Oui, il y en a quand même) Ne bave pas, ne perd pas ses poils, toujours partant

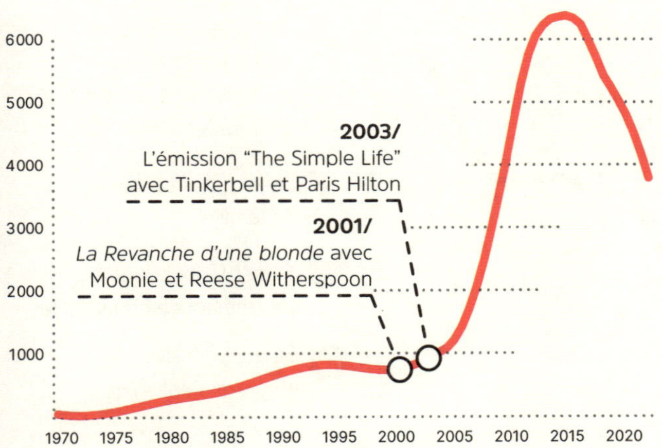

Ce qu'on dit de lui quand il n'est pas là « Tiens, il a grandi, Moris, non ? » Ce qu'en pensent les autres chiens « Microtaille, mais maxi tête de mule. » Son maître âme sœur Une personne patiente et calme Jeu fétiche « Va chercher ta microba-balle. » Le gros risque Le piétiner – oups – ou le prendre pour un jouet Le must En prendre un deuxième. Pour deux fois plus de plaisir ? Chihuahuas célèbres Hipop (diminutif d'hippopotame), le chien de Liliane (Valérie Karsenti) dans *Scènes de ménage* sur M6 /// Poppy, le chien de Sarah Jessica Parker dans *Mars Attacks* enlevé par les extraterrestres /// Tini, le deuxième chien du youtubeur Squeezie /// Twister, « le fils » de l'influenceuse Noholita Entendu chez le véto « Les chihuahuas, c'est vraiment la grosse cata. Les influenceurs font des selfies et ils les laissent tomber. Le nombre que j'ai récupérés avec les pattes cassées ! »

n'écoute que d'une oreille

Cocker spaniel anglais

Sa bouille de peluche nous ferait presque oublier que ce chien réclame une attention constante et beaucoup d'exercice. Car le cocker était avant tout un chien de chasse qui ramenait la bécasse (« *woodcock* » *in english*). D'où son nom. Oui, ça vous en bouche un coin coin.

British (croisé avec un caniche, on l'appelle le « cockapoo ») | Jusqu'à 15 ans | 38-41 cm | 13 kg

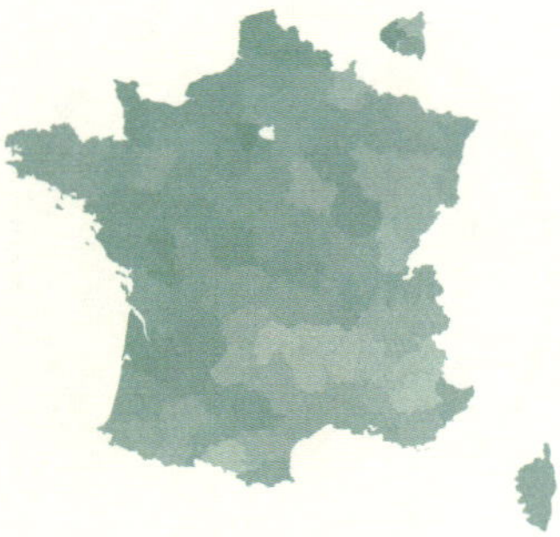

Famille royale ! C'est peut-être pour ça qu'ils ont séduit la princesse de Galles.

Chez Kate et William au Palais. Et en France chez les fans de Disney.

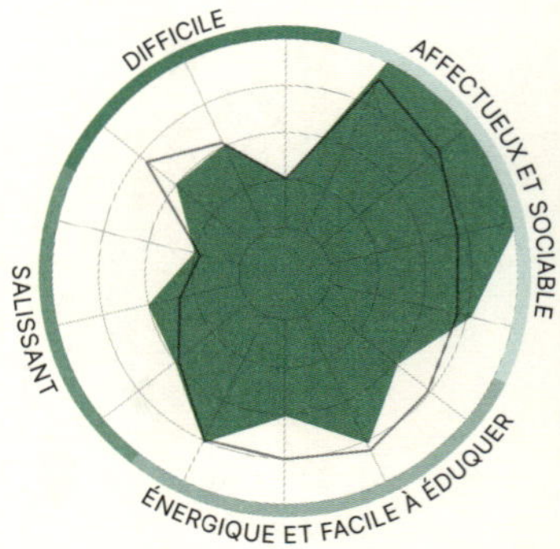

Smart ! Mais attention, grosse tête de mule

Obéissant, mais son enthousiasme et son exubérance prennent parfois le dessus

Chien qui aime la vie de famille

Il est gai, joueur et de très bonne compagnie

Sa queue frétille en permanence

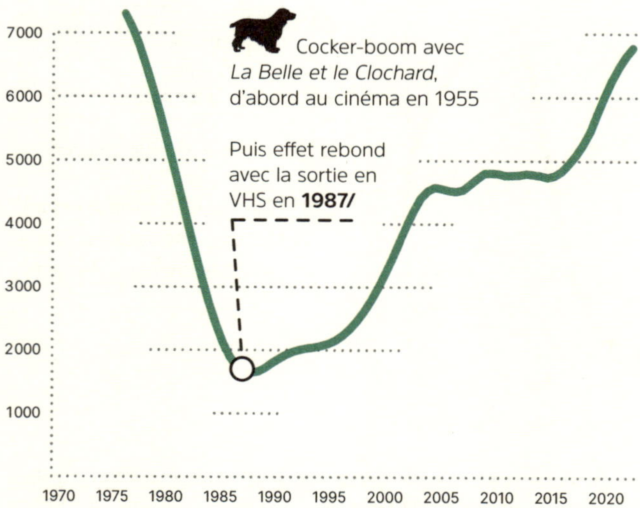

<u>Ce qu'on dit de lui quand il n'est pas là</u> « Il a encore laissé traîner ses oreilles partout. » <u>Ce qu'en pensent les autres chiens</u> « Gentil, mais un peu têtu, quand même. » <u>Son maître âme sœur</u> Quelqu'un qui aime les cotons-tiges <u>Jeu fétiche</u> Un poulet pouet pouet <u>Le gros risque</u> Qu'il marche (encore !) sur ses oreilles <u>Le must</u> Lui acheter une pince à linge ou un bandeau <u>Cockers anglais célèbres</u> Lady, *of course*, dans *La Belle et le Clochard* /// Bill, dans la bande dessinée belge *Boule et Bill* <u>Entendu au caniparc</u> « Tiens, les Anglais ont débarqué ! »

Le gros risque

Qu'il marche (encore !) sur ses oreilles

Le must

Toujours prêt pour l'aventure

Épagneul breton

Alors que les chiens qui trustent le palmarès des adoptions sont américains, britanniques, allemands ou belges, l'épagneul breton est le toutou *made in France* le plus populaire, devant le bouledogue français et le beauceron. Chien polyvalent et attachant, il ne se démode jamais et continue de séduire des générations de *dog parents*, bretons ou non, qu'ils chassent, randonnent ou se prélassent avec lui sur le canap.

France | Jusqu'à 16 ans | Moyen | Jusqu'à 17 kg, le pépère

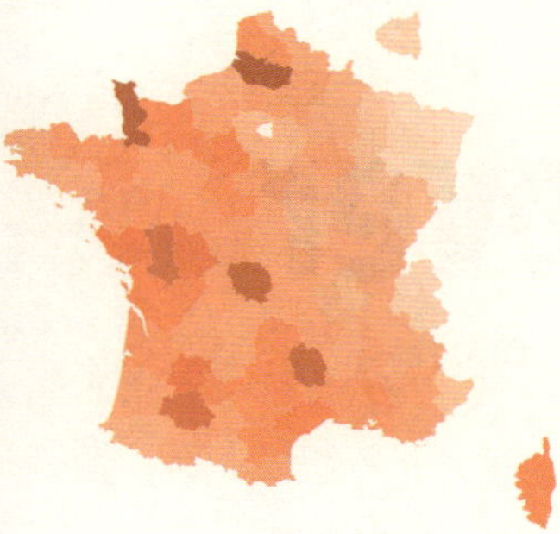

Chien de pays

Très présent dans le Sud-Ouest et les départements ruraux comme la Lozère, la Manche ou la Creuse... et pas uniquement en Bretagne !

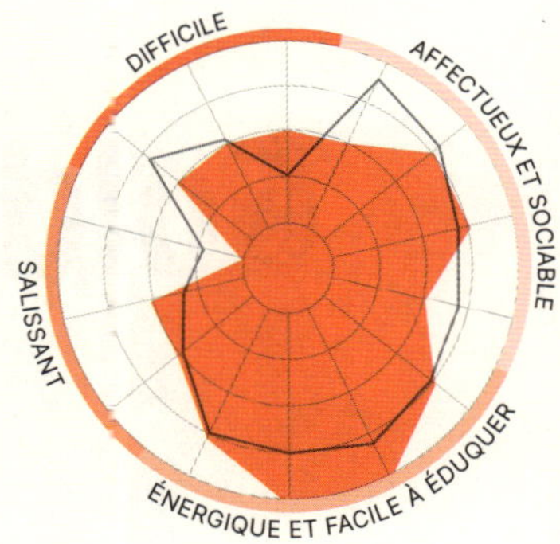

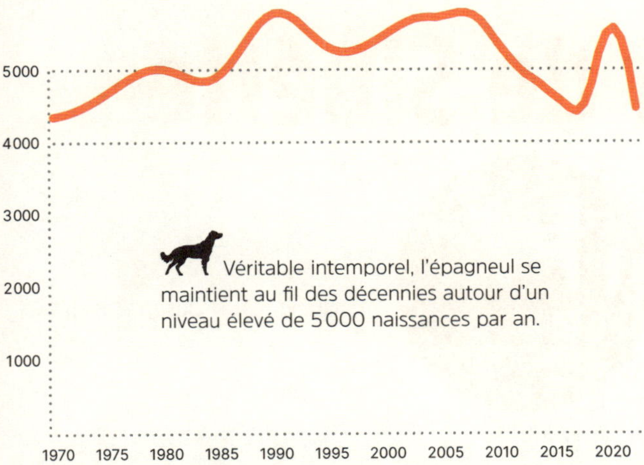

Haute, mais attention, c'est un chien de chasse à bien canaliser

Élevée, à condition de l'éduquer dès les premiers mois

Calme, posé et affectueux

Il est très fidèle

Chien sensible

Ce qu'on dit de lui quand il n'est pas là « C'est pas le chien qu'on voit partout sur les peintures Renaissance ? » Ce qu'en pensent les autres chiens « Il est encore parti tout seul en forêt ! » Son maître âme sœur Quelqu'un de présent car il n'aime pas être seul Jeu fétiche Ramasser le gibier, car c'est un chien d'arrêt Le gros risque Qu'il parte à la chasse sans vous Le must Toujours prêt pour l'aventure ! Entendu au caniparc « Au moins un chien qui prend pas la grosse tête, pas comme certains ! »

Du chien de chasse (*retrieve* signifie « récupérer » en anglais) au chien de compagnie, le golden est la plus belle reconversion canine de l'histoire récente. Beauté, douceur, intelligence : et si c'était le chien parfait ?

Grande-Bretagne

12 à 14 ans

UN CHIEN EN OR

51-61 cm

Gros pépère

Golden retriever

VS

Husky de Sibérie

États-Unis

Jusqu'à 15 ans

WINTER IS COMING

Grand

Jusqu'à 28 kg

Des plaines de Sibérie aux motifs de tee-shirt vintage sur fond de pleine lune, le husky, ses yeux en amande et son allure de chien-loup ont séduit les Français dès les années 1990. À partir de 2011, la diffusion de la série culte *Game of Thrones* a fait de lui le chien porte-drapeau des primitifs.

__Ce qu'on dit de lui quand il n'est pas là__ « Mais qu'est-ce qu'il a de si exceptionnel ? » 🐾 __Ce qu'en pensent les autres chiens__ « Pfff, c'est vraiment le chouchou. » 🐾 __Son maître âme sœur__ Une famille en or 🐾 __Jeu fétiche__ RAPPORTER des choses 🐾 __Le gros risque__ Qu'il prenne du poids 🐾 __Le must__ L'emmener nager car il a les papattes palmées 🐾 __Golden retrievers célèbres__ Pamela Anderson en a adopté plusieurs tout au long de sa carrière /// Beacon, le chien de soutien thérapeutique de Simone Biles et des gymnastes américaines 🐾 __Entendu au caniparc__ « Il nous a encore piqué le frisbee ! »

Chien de chasse reconverti

Dans tous les foyers aimants, de préférence à la campagne ou avec un jardin

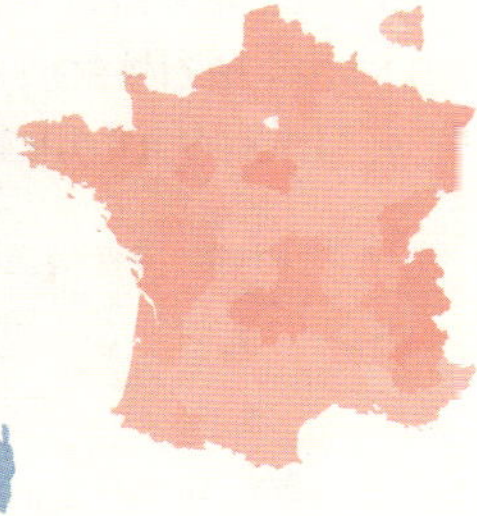

Primitif avant que ça devienne cool

Dans les zones de montagne et les grands espaces plutôt qu'en appartement

---

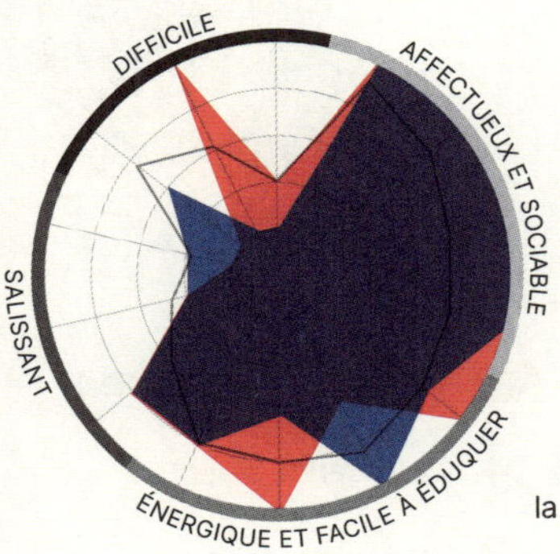

Très smart		Élevée, très vif d'esprit
Élevé		Peut mieux faire car il est très indépendant
Un Namour avec un grand N		Connu pour sa gentillesse avec les enfants des Inuits de Sibérie
À toutoute épreuve		Vous traitera comme un roi / une reine
Il ramène tout : les animaux égarés, la ba-balle, la commande Uber Eats...		Toujours partant pour une course en traîneau

---

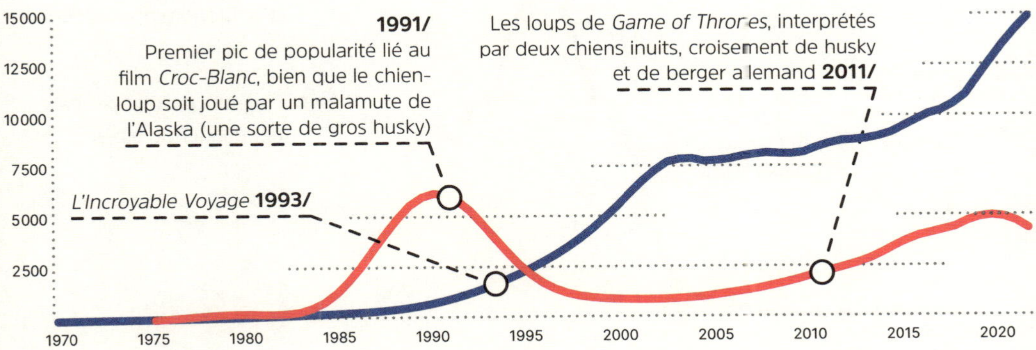

__Ce qu'on dit de lui quand il n'est pas là__ « Tiens, il va à Chamonix, cette année ? » 🐾 __Ce qu'en pensent les autres chiens__ « C'est doux, c'est neuf ? » 🐾 __Son maître âme sœur__ Quelqu'un avec de la poigne, mais qui comprend son besoin d'indépendance et lui fera faire deux heures de balade par jour 🐾 __Jeu fétiche__ Cani-VTT, car c'est un chien qui a besoin de tracter 🐾 __Le gros risque__ Gros ramassage de poils à prévoir en période de mue 🐾 __Le must__ Le sortir en meute comme au bon vieux temps 🐾 __Huskies célèbres__ Le chien-loup Croc-Blanc /// Balto et Togo, chiens d'attelage qui ont rapporté un sérum contre la diphtérie aux États-Unis (Balto a sa statue à Central Park) /// Odin et Thor, les chiens de la famille Stark dans *Game of Thrones* 🐾 __Entendu au caniparc__ « *Winter is coming:* on rentre ! »

Jack Russell terrier

Chien de chasse, ce terrier tenace est devenu archi populaire après le succès du film *The Mask* en 1994. Au point de faire partie des races les plus répandues en France. Les mauvaises langues affirment que les initiales de son nom signifient en réalité « Jack Russell terroriste ». Une réputation exagérée… À moins que ?

Grande-Bretagne | 13-16 ans de vie à mille à l'heure | 25-30 cm | 5-6 kg

Terrier survolté

Il est partout chez lui, en pole position dans une douzaine de départements, de la Normandie à l'Alsace, sans oublier les Hauts-de-France, le bassin parisien et la Côte d'Azur. Normal, il fait partie du top 5 des chiens les plus répandus sur le territoire.

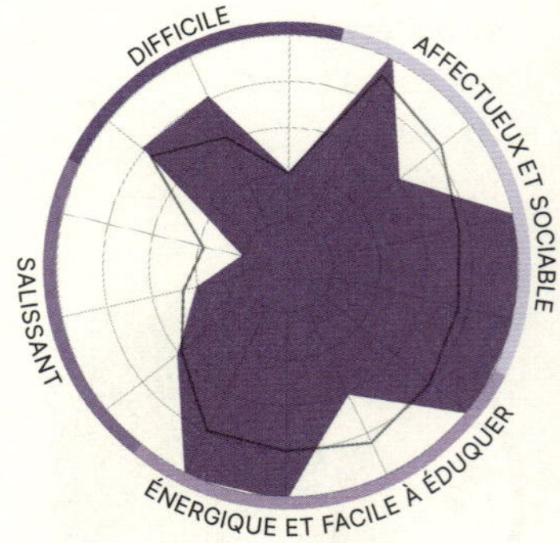

Intéressée (par le gibier)

Obéissance sélective

Peut mieux faire

Bonne, mais a tendance à se prendre pour le chef de meute

Toujours partant pour aller débusquer du gibier

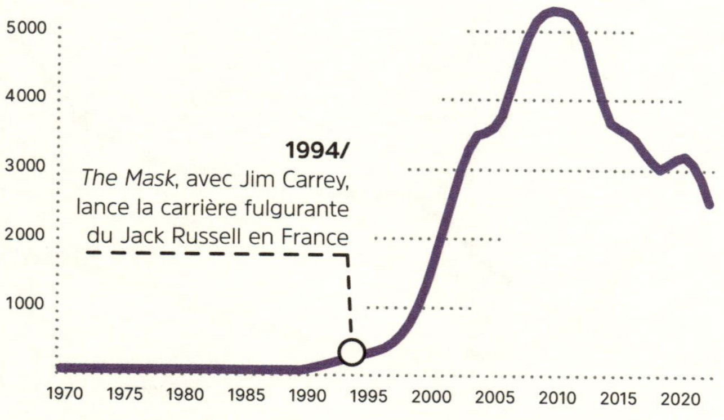

<u>Ce qu'on dit de lui quand il n'est pas là</u> « Méfie-toi de Jack, il est très territorial… » <u>Ce qu'en pensent les autres chiens</u> « Il est libre, Jack, y en a même qui disent qu'ils l'ont vu voler. » <u>Son maître âme sœur</u> Un humain complice qui saura lui tenir tête ! <u>Jeu fétiche</u> Faire tomber les masques <u>Le gros risque</u> Le confondre avec une marque de whisky <u>Le must</u> Faire la course avec lui jusqu'au portail <u>Jack Russell célèbres</u> Milo dans *The Mask* en 1994 /// Uggie dans *The Artist* en 2011, qui a son étoile à Hollywood Boulevard /// Patron, chien mascotte de l'armée ukrainienne, qui détecte les explosifs russes /// Trump, le premier terrier de la lignée fondée par le pasteur John Russell au XIXe siècle <u>Entendu au caniparc</u> « Sssplendide ! »

Labrador retriever

Le labrador, c'est tous les toutous de nos vies en lui réunis. Fidèle et joueur, il adore aussi les câlins. Ancien chien de travail, gentil, doté d'une mémoire visuelle et olfactive hors du commun, c'est *le* supertoutou. Ce n'est pas pour rien qu'il est le chien guide par excellence et le chouchou des présidents de la République.

Grande-Bretagne — Jusqu'à 14 ans — Jusqu'à 56 cm — Gros pépère

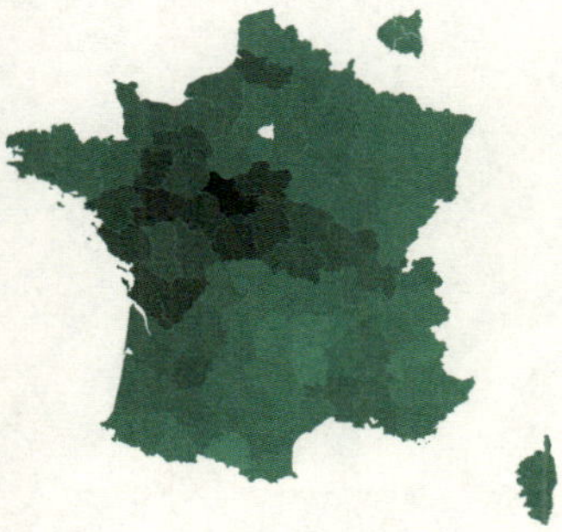

Super toutou

Avec plus de 500 000 labradors retrievers présents sur le territoire en 2022, pas étonnant qu'il s'agisse du chien le plus répandu dans toute une partie de l'Hexagone, de la Gironde aux Côtes d'Armor, ainsi que dans les régions Centre-Val de Loire et Bourgogne-Franche-Comté.

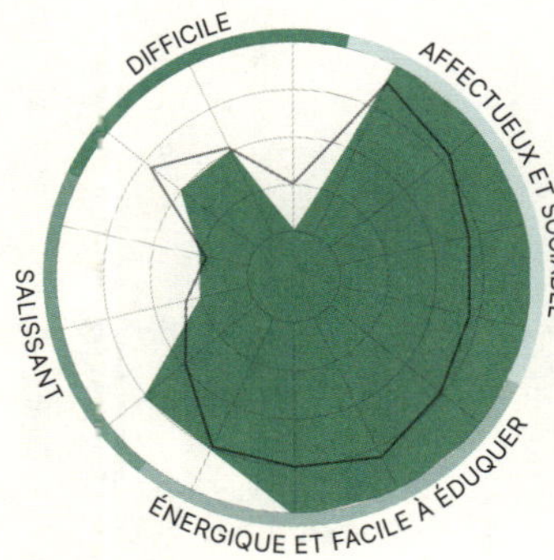

- Grande et docile, excellente mémoire
- Ne demande qu'à faire plaisir
- Gentil
- Hyper attaché à son maître
- Super adaptable

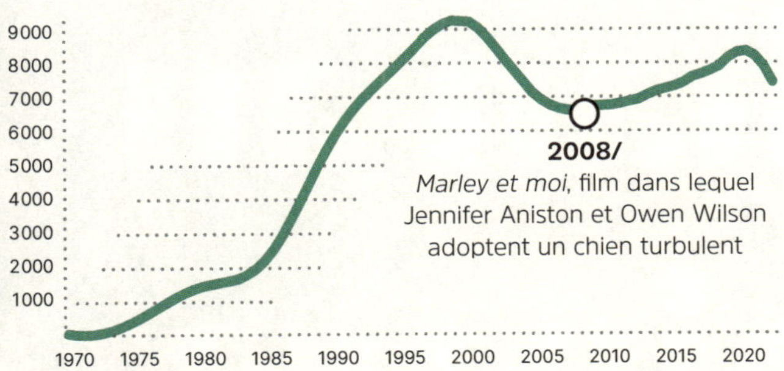

Ce qu'on dit de lui quand il n'est pas là « Encore un qui va entrer à l'Élysée. » Ce qu'en pensent les autres chiens « La prochaine fois, je vote pour un shiba ! » Son maître âme sœur Une personne patiente, prête à investir du temps dans l'éducation Jeu fétiche Renifler des choses (et les rapporter) Le gros risque Que son enthousiasme lui fasse perdre ses bonnes manières Le must Il détecte les maladies bien avant les médecins Labradors célèbres Jupiter, premier labrador présidentiel sous Georges Pompidou, puis Valéry Giscard d'Estaing et Samba, François Mitterrand et Baltique, Jacques Chirac et Maskou, Nicolas Sarkozy et Indy, François Hollande et Philae, Nemo, labrador-griffon, adopté par Emmanuel et Brigitte Macron dans un refuge de la SPA Entendu au caniparc « Mais quelqu'un lui a appris à ne rien faire ? »

Le must

Qu'il croise un cousin afghan au caniparc

Lévrier

Reconnaissable à sa silhouette longiligne et à sa tête effilée, le lévrier a été sélectionné pour ses aptitudes de sprinter. Il se décline en plusieurs races comme le whippet (le plus courant), le lévrier italien (le plus petit) ou encore le lévrier afghan (définitivement le plus brushingué). Son petit côté *old money* séduit depuis toujours les maîtres élégants, des pharaons aux fashionistas.

Grande-Bretagne pour le whippet | 10-15 ans | 44-51 cm pour le whippet | 12-15 kg pour le whippet

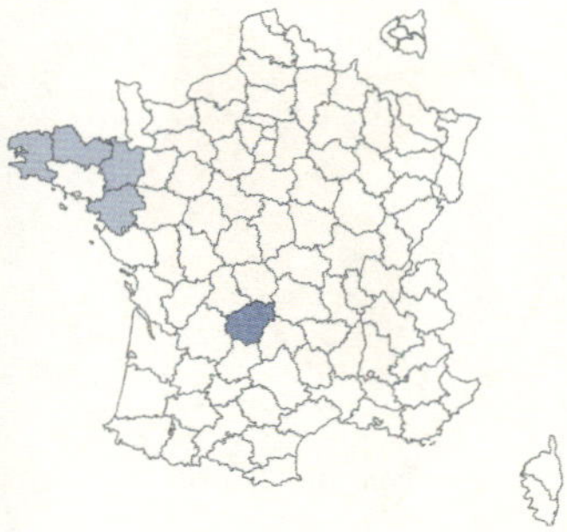

Chien de course (et chien mondain pour le lévrier afghan)

Avant : en Égypte, aux pieds d'un pharaon ou sur un cynodrome. De nos jours : à côté d'un podium à la *fashion week*, quand ce n'est pas lui qui défile.

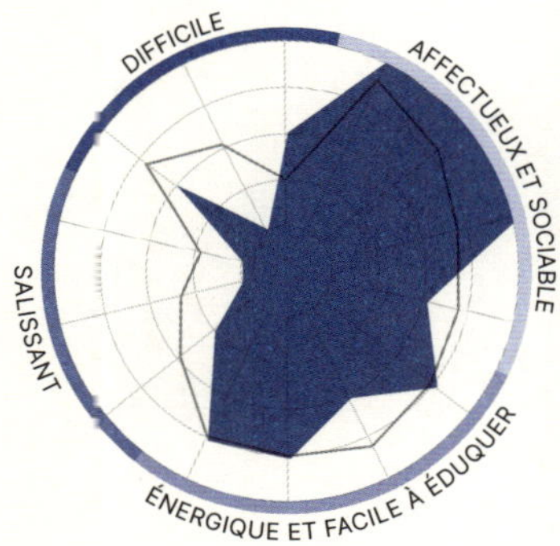

Saluée par ses maîtres

Impeccable

Timide et sensible

Exceptionnelle

Son cou filiforme qui porte haut les colliers de promenade

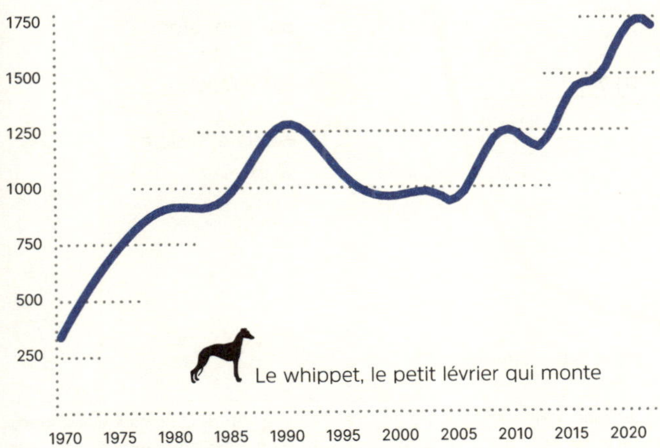

Ce qu'on dit de lui quand il n'est pas là « Y a Usain Bolt qui se pointe, les gars ! » Ce qu'en pensent les autres chiens « Un peu fragile, mais sympa au final. » Son maître âme sœur Une fashionista ou un joggeur du dimanche Jeu fétiche Faire la course en tête Le gros risque Qu'il ne s'arrête pas de courir Le must Qu'il croise un cousin afghan au caniparc Lévriers célèbres Tika The Iggy, petit lévrier italien aux 2,9 millions de *followers* qui présente des looks toujours à la pointe Entendu au caniparc « Il sort de chez Jacques Dessange ? »

Shiba

Poil dense et doux, robe sésame ou noir et feu, petites oreilles en triangle et dégaine de renard, le shiba inu parade élégamment dans les rues quand il n'est pas occupé par un shooting de mode canine. Les adorateurs de ce chien très indépendant soutiennent qu'il se comporte comme un chien-chat… Ses détracteurs aussi.

Japon | 12-15 ans | 37-40 cm (*shiba inu* peut être traduit par « petit chien ») | Environ 10 kg

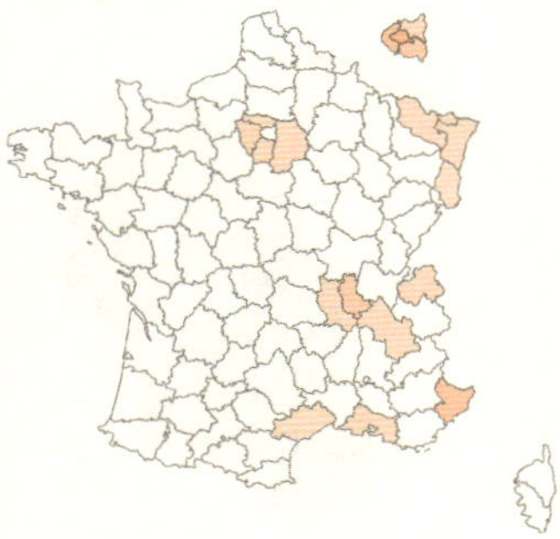

Primitif autosatisfait

Le shiba s'épanouit en ville, sur la Côte d'Azur, et passe beaucoup (trop) de temps sur les réseaux sociaux

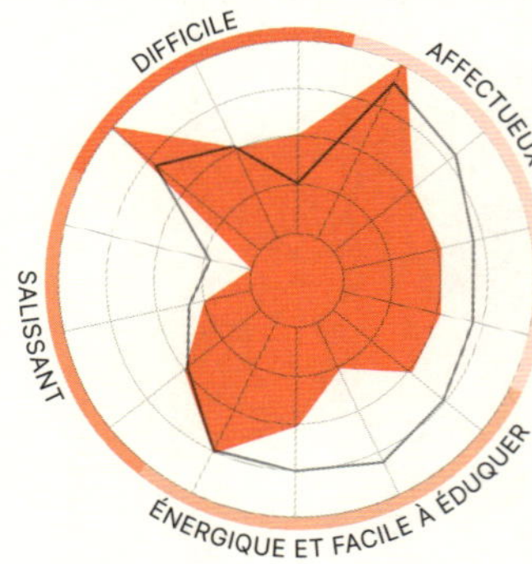

HPI, voire Asperger

N'obéit pas, sauf si c'est dans son intérêt

Gentil, mais il ne faut pas l'embêter

Indéfectible

Fiable et propre

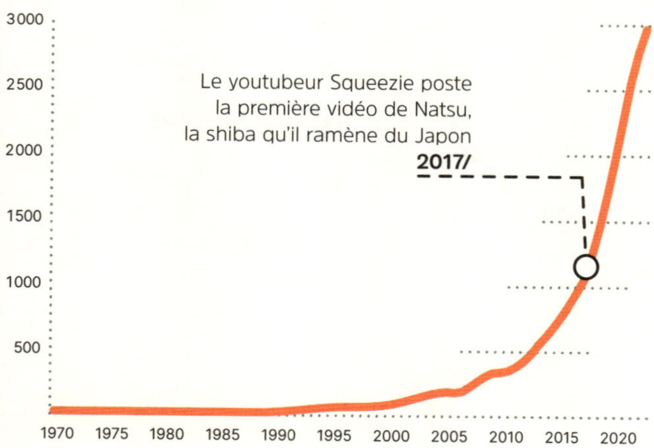

<u>Ce qu'on dit de lui quand il n'est pas là</u> « Mais quel snob, celui-là. » <u>Ce qu'en pensent les autres chiens</u> « Gnagnagna, je me la pète parce que je suis japonais ET primitif. » <u>Son maître âme sœur</u> Un nippocaniphile, amoureux à la fois des chiens et du Japon <u>Jeu fétiche</u> Faire l'indifférent <u>Le gros risque</u> Qu'on vous arrête sans cesse dans la rue parce qu'il est mignon /// Qu'il ait plus de *followers* sur Insta que vous <u>Le must</u> Lui acheter un petit bandeau Kitsuné (« renard » en japonais) <u>Shibas célèbres</u> Kabosu, le shiba devenu un phénomène d'Internet, dont une statue honore la mémoire dans sa ville de Sakura, au Japon /// Le dogecoin, la monnaie virtuelle à l'effigie du shiba /// Pusuke, un bâtard apparenté shiba, entré dans le *Livre Guinness des records* pour avoir vécu 26 ans <u>Entendu au caniparc</u> « Qu'il est beau, on dirait un petit renard ! »

chien HPI

Il serait issu d'un croisement entre un chien chinois et un lhassa apso tibétain. C'est d'ailleurs la raison pour laquelle on le confond souvent avec ce dernier. Il a d'abord vécu dans les palais de la Chine impériale avant d'arriver en Grande-Bretagne, puis en France par le biais de la comtesse d'Anjou, dont l'époux vivait à Pékin. Et toc !

Tibet/Chine

14 ans

27 cm

Poids plume avec un max de 8 kg

Shih tzu

VS

Spitz nain ou Loulou de Poméranie

Allemagne

Jusqu'à 16 ans

XXXXXXS pour la variété spitz nain

1,8-2,5 kg pour la variété spitz nain

Sa collerette de poils fournis et son allure majestueuse l'ont rendu célèbre dans les cours royales d'Europe puis parmi les influenceurs. Minus par la taille, il a un grand cœur et n'hésite pas à abuser de ses aboiements suraigus.

Ce qu'on dit de lui quand il n'est pas là « Ah, c'était pas la tê-tête. » Ce qu'en pensent les autres chiens « Il s'est encore fait des nœuds partout. » Son maître âme sœur Une personne au poil qui adorera le coiffer Jeu fétiche Se prendre pour un lion (*shih tzu* en tibétain) Le gros risque Qu'il ramasse toute la poussière Le must Qu'il ramasse toute la poussière Shih tzu célèbres L'actuel dalaï-lama en a plusieurs /// Feu Munchie, le chien de Beyoncé /// Daisy, la chienne de l'ancienne Spice Girl Geri Halliwell Entendu au caniparc « Tiens, y a Swiffer qui arrive. »

Balai-brosse

Avant : dans la demeure du dalaï-lama. Aujourd'hui : auprès d'un maître qui n'a pas peur de démêler des nœuds

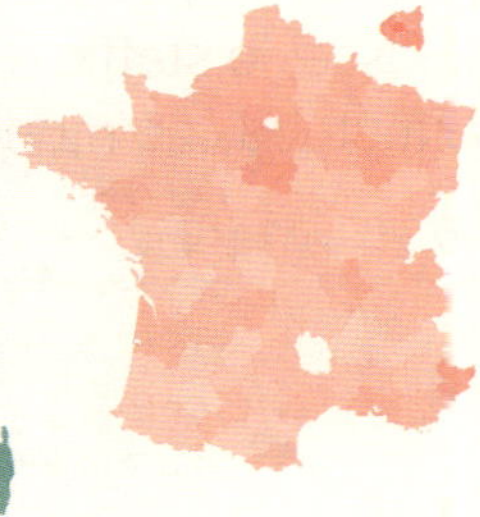

Microchien

Sur la Côte, à Paris ou à Chamonix, souvent dans les bras d'un *dog parent* poule

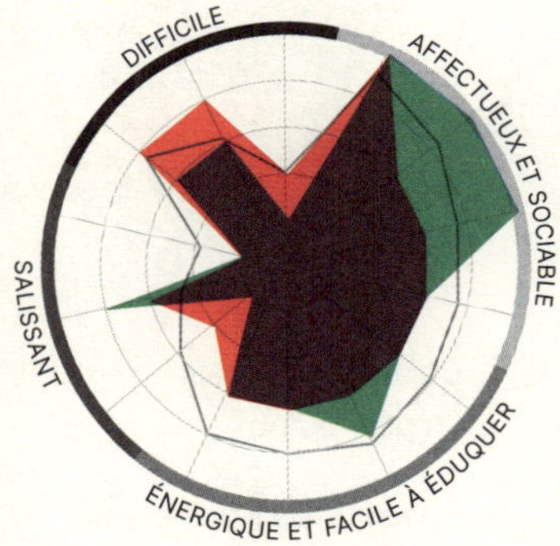

Actif et éveillé, même si on a l'impression qu'il dort sous sa fourrure		Vif et curieux de nature
Très proche de son *dog parent*		Variable
Les adore ! Et n'a aucune agressivité (ni envers personne, d'ailleurs)		Très gentil
Très câlin		Un loulou d'amour
Adore le farniente		Ne déprime jamais

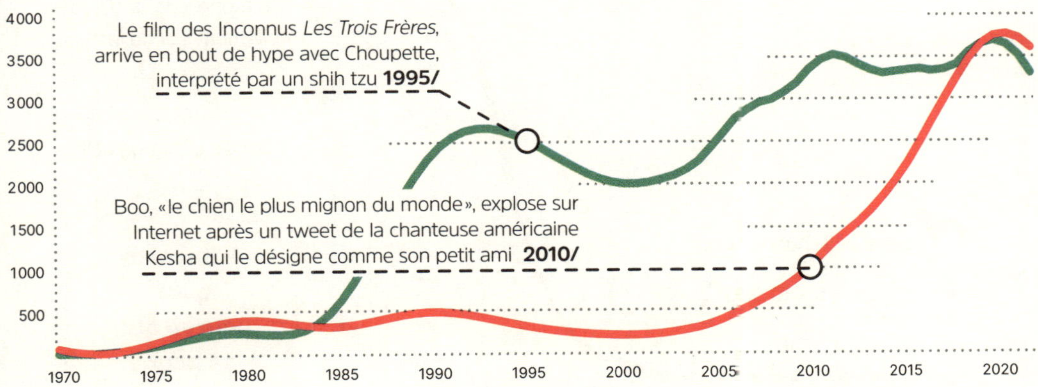

Ce qu'on dit de lui quand il n'est pas là « Luna m'a cassé les oreilles. » Ce qu'en pensent les autres chiens « Tiens, y a le micro Roi Lion qui débarque. » Son maître âme sœur Un macro-influenceur ou une concierge Jeu fétiche Se confronter à plus gros que lui Le gros risque Qu'on le prenne pour une peluche Le must Piquer la ba-balle d'un chihuahua au caniparc Spitz célèbres Châtaigne, le chien de la série culte *Une nounou d'enfer* /// Boo, adorable spitz nain aux 14 millions d'abonnés (sa maîtresse était une employée de Facebook), devenu « le chien le plus mignon du monde », décédé en 2019 Entendu chez le véto « Robert a encore voulu s'en prendre à un akita ! »

BULL D'amour

Staffie

On confond souvent le staffordshire bull terrier, dit « staffie », avec son cousin catégorisé l'amstaff (american staffordshire terrier), voire avec un pitbull. Certes, c'était à l'origine un chien de combat, mais ne vous fiez pas à sa bouille de molosse, le staffie est probablement le chien le plus gentil et le plus affectueux au monde.

Grande-Bretagne | Jusqu'à 14 ans | 40 cm | Massif et compact (jusqu'à 17 kg)

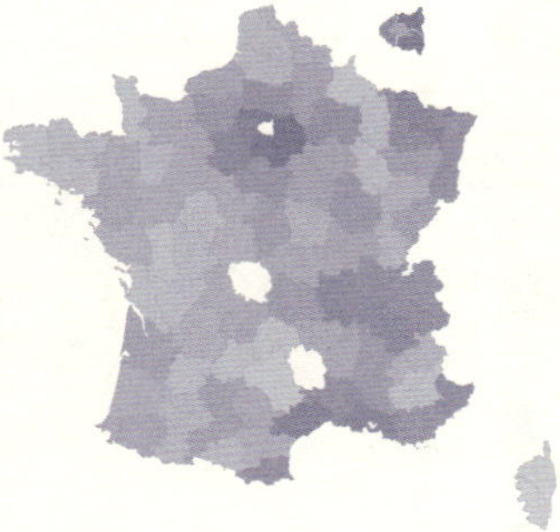

Bombe d'amour

En région parisienne, en Méditerranée, dans l'est de la France et en Région Rhône-Alpes. On le trouve chez les familles aimantes, avec un peu de terrain, car il a besoin de se dépenser.

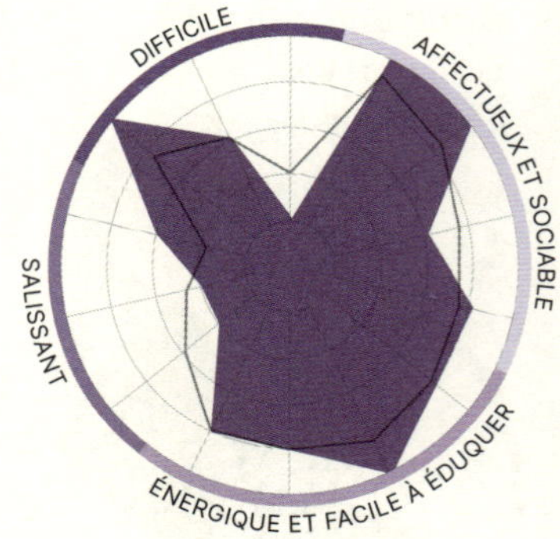

Chien habile, mais un peu foufou

Élevée, mais il ne gère pas bien la frustration

On l'appelle le baby-sitter, tellement il aime les kidz

+++

Il fait de très gros câlins

Jeu fétiche

N'importe quoi, pourvu que ça bouge

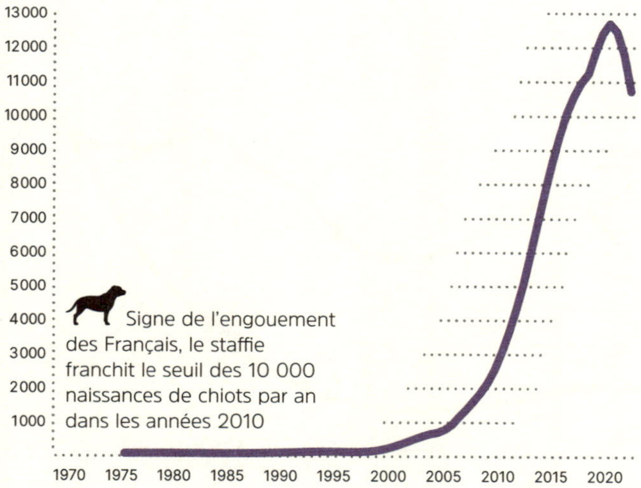

<u>Ce qu'on dit de lui quand il n'est pas là</u> « Toujours content, lui ! » <u>Ce qu'en pensent les autres chiens</u> « Un peu brut de décoffrage, le p'tit pépère, quand même. » <u>Son maître âme sœur</u> Une personne qui passera beauuuucoup de temps à jouer avec lui <u>Le gros risque</u> Qu'il s'ennuie quand il est tout seul <u>Le must</u> Sa bouille, quand vous rentrez chez vous le soir <u>Staffies célèbres</u> George, le staffie bringé d'Adriana Karembeu /// Le chien influenceur Arnold Staffzenegger (@arnoldstaffzenegger, 108000 *followers* sur Insta) <u>Entendu au caniparc</u> « Mais qu'est-ce qu'il a à toujours être de bonne humeur ? »

Teckel

Mi-chien, mi-saucisse, il se dandine du haut de ses micropattes. Ce format lui a permis de se tailler une bonne réputation dans la chasse des petites proies, d'où son nom allemand « Dachselhund », qui signifie « chien de blaireau ». Son aspect décalé incite à lui donner un nom rigolo comme Salami ou Sissi la Saucisse.

Allemagne — 12-14 ans — 40-47 cm de longueur (dispo en version nain et *kaninchen*) — 3-9 kg

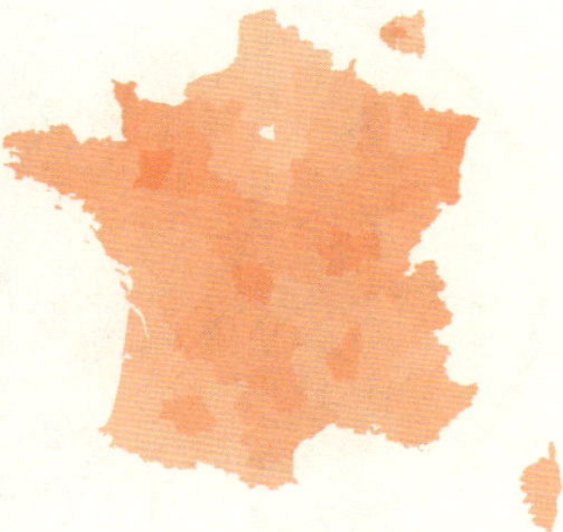

Saucisse qui venait de l'Est

Encore bien présent dans les zones de chasse (et en version poil long dans les endroits bling-bling de la Riviera)

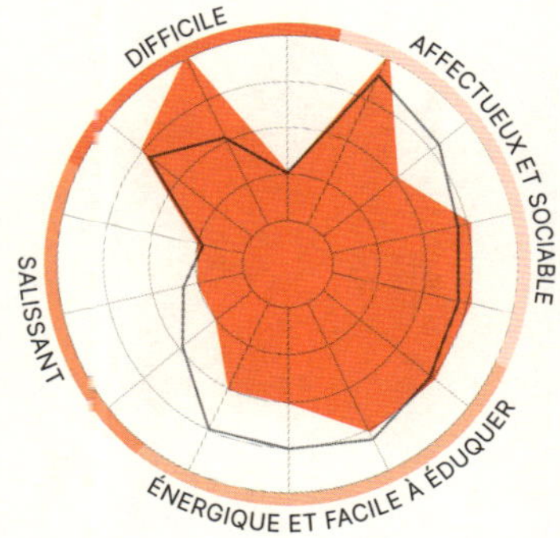

Élevée (s'il y a une récompense en jeu), sinon long à la détente (meilleure blague de ce livre)

Médiocre pour ce chien têtu

Il les tolère

Forte, et il le fait comprendre en étant pot de colle

(Oui, il y en a quand même) Il débusque les blaireaux

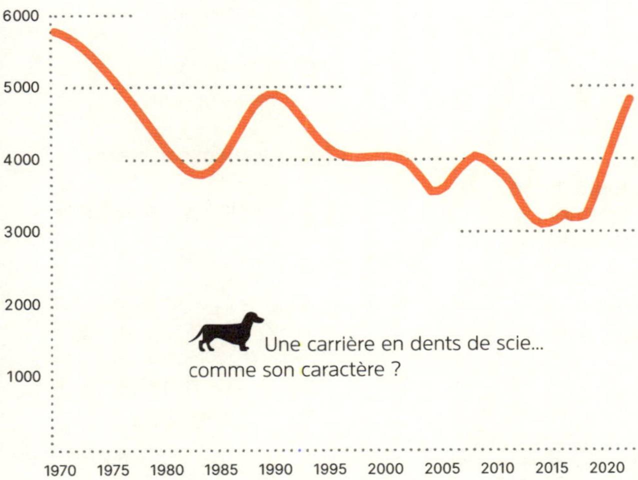

<u>Ce qu'on dit de lui quand il n'est pas là</u> « Mais quel blaireau ! » 🐾 <u>Ce qu'en pensent les autres chiens</u> « Ça y est, il va encore nous faire sa tête de schnitzel. » 🐾 <u>Son maître âme sœur</u> Un chasseur aristocrate ou un transfuge de classe 🐾 <u>Jeu fétiche</u> Poser en *gentleman farmer* sur Instagram avec un micro nœud pap et une casquette de Sherlock Holmes 🐾 <u>Le gros risque</u> Le prendre en sandwich en s'asseyant dans le canapé /// Qu'il ait plus de *followers* sur Insta que vous 🐾 <u>Le must</u> Les voir trotter en bande pendant la Sausage Walk 🐾 <u>Teckels célèbres</u> Toutou, l'irrésistible chiot de Jacquemus /// Le bien nommé Salami de Michel Drucker /// Les « dorgis » de la reine Élisabeth II (croisement d'un corgi et d'un teckel) 🐾 <u>Entendu au caniparc</u> « Tiens, passe-moi le ketchup, s'il te plaît. »

Yorkshire terrier

DOGGY BAG

Son poil long et soyeux et son incontournable petit nœud pap en ont fait le chien-bijou par excellence et le chouchou des toiletteurs canins ! Attention toutefois aux idées reçues : ce petit terrier téméraire au caractère bien trempé est beaucoup plus qu'un chien de concours de beauté.

Grande-Bretagne (le Yorkshire est un comté de l'Angleterre) | 12-15 ans | 15-25 cm | Moins de 3,2 kg

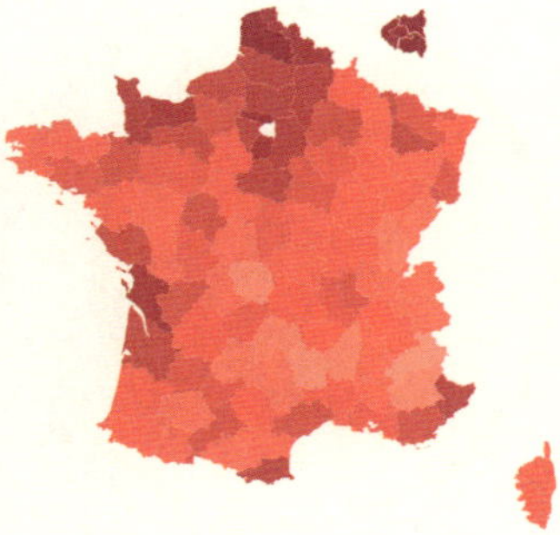

Terrier pomponné

Dans le Pas-de-Calais, en région parisienne et jamais très loin d'un toiletteur. C'est encore aujourd'hui l'un des toutous les plus répandus en France.

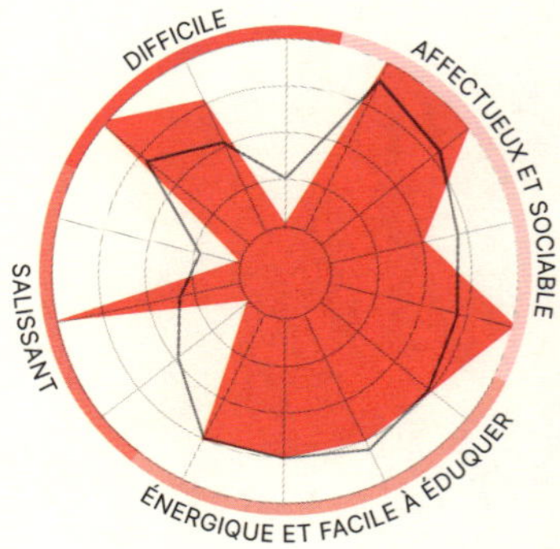

Chien vif...

... mais têtu

Entente cordiale mais sans plus

Il vit pour son maître

Il veille sur la maisonnée

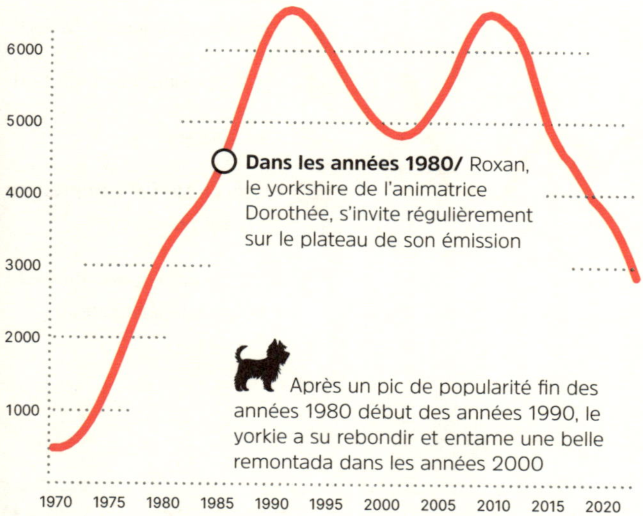

Jeu fétiche

S'emmêler les poils

Ce qu'en pensent les autres chiens « Le yorkshire, c'est le nouveau caniche. » Son maître âme sœur Un maître qui vit en appartement ou un coiffeur Le gros risque Qu'il prenne trop la confiance Le must Réussir sa raie sur le côté Yorkshires célèbres Roxan, le chien de l'animatrice Dorothée /// Audrey Hepburn, Jean-Paul Belmondo, Johnny Hallyday, Britney Spears, Will Smith ou Natalie Portman ont tous été parents d'un yorkie Entendu au caniparc « Mais du coup, on prononce yorkshaïïïïrre ou yorksheur ? »

CE QU'ON DIT DE LUI QUAND IL N'EST PAS LÀ

« Dakota s'est fait un brushing, elle se prend pour un shih tzu. »

BONUS

Le Tou~ touto~ mètre

faites le **test**

QUEL TOUTOU ÊTES-VOUS ?

1 VOUS VOUS RÉVEILLEZ...

A ☐ Hop ! Vous checkez vos mails puis sautez hors du lit pour un petit footing de 10 kilomètres.

B ☐ Café latte-croissant, piscine-spa, lecture de magazine.

C ☐ Vous préparez votre jus vert à la spiruline tout en scrollant votre Instagram : qui vous a liké pendant la nuit ?

D ☐ Levé 11 heures après un apéro un peu trop arrosé. Un petit shot de collagène devrait vous redonner une mine décente.

2 VOUS VOUS HABILLEZ...

A ☐ Style cadre dynamique, vous vous autorisez le jean et le polo en casual friday.

B ☐ Total look façon *Emily in Paris*, même pour une visio.

C ☐ Hoodie, veste Quechua, chaussures Salomon.

D ☐ Un basic de chez Jacquemus à 1 000 euros qui semble sorti d'une friperie.

3 DIRECTION LE BOULOT...

A ☐ Voiture ou transports en commun pour pointer à 9 heures.

B ☐ Vous posez une journée. Le mail à Jacqueline attendra...

C ☐ En vélo électrique pour rejoindre votre immeuble de coworking.

D ☐ Vous enfourchez votre monoroue et slalomez avec grâce en évitant les embouteillages.

❹ D'AILLEURS, VOUS ÊTES…

A ☐ Agriculteur, militaire, chef cuistot, enfin vous bossez pour de vrai !

B ☐ Community manager ou freelance dans la com digitale (vous faites des posts sur les réseaux sociaux, quoi). De toute façon, vos parents n'ont jamais compris votre job.

C ☐ Prof de yoga ou startupeur, vous cherchez encore votre modèle économique.

D ☐ Entraîneur d'une équipe d'e-sport ou coach holistique à distance.

❺ PAUSE CAFÉ À LA MACHINE AVEC JEAN-MARC…

A ☐ Pause ? Quelle pause ? Vous repassez les diapositives du PowerPoint pour la prochaine réunion sur le *workflow* avec l'équipe.

B ☐ C'est déjà votre deuxième cappuccino. Il faut au moins ça pour avoir le temps de lire tous ces commentaires sur les réseaux.

C ☐ Socialiser à la machine à café pour entendre le debrief du week-end de Mireille ? Pas trop votre délire.

D ☐ Vous parlez avec passion de votre prochain festival du film sur les drosophiles. Oui, elles sont étonnantes.

❻ 18 HEURES, L'HEURE DU CRIME : C'EST L'APÉRO !

A ☐ Boire des verres ? Vous avez mieux à faire, comme préparer votre rendez-vous client du lendemain.

B ☐ Bon vivant, vous sortez le saucisson, le fromage et la bouteille de rouge. Il faut profiter !

C ☐ Vous retrouvez plutôt vos amis à la salle pour une session d'escalade.

D ☐ Rendez-vous au vernissage de l'expo du dernier artiste conceptuel à la mode. Quel talent !

❼ VOTRE MUSIQUE DU QUOTIDIEN…

A ☐ Un morceau calé à 182 bpm pour accompagner vos runs.

B ☐ La playlist *Ultime Summer Party* sur Spotify, y compris en hiver.

C ☐ Un groupe de rock vintage ou un live de Philippe Katerine tout nu.

D ☐ Des chants de baleines ou une sélection de mantras sur YouTube.

8 QU'EST-CE QUE TU FAIS POUR LES VACANCES ?

A ☐ Ça fait un an que vous attendez ça : l'Ultra-trail du Mont-Blanc. Vous comptez bien faire un chrono.

B ☐ Peu importe la destination, tant que c'est avec votre petite tribu. Vous ne tiendriez pas une demi-journée sans elle !

C ☐ Semaine thalasso. Mode déconnexion activé !

D ☐ Séoul en Corée du Sud, pour acheter plein de bidules.

9 PIOUF, C'EST ENFIN L'HEURE DE SE COUCHER...

A ☐ Chouette, vous vous mettez devant une série d'action palpitante.

B ☐ Grosse couette, oreiller de compète, vous vous blottissez pour un sommeil réparateur d'au moins dix heures devant une comédie romantique.

C ☐ Vous mettez votre podcast de développement personnel sur vos oreilles ou vous vous repassez *Game of Thrones* pour la quatrième fois.

D ☐ On est seulement mardi, on vous propose un technival en plein air. Vous rejoignez cette fête improvisée.

10 VOUS IREZ AU BOUT DE VOS RÊVES, COMME JEAN-JACQUES, MAIS DU COUP, C'EST OÙ ?

A ☐ Remplacer votre n+1 et, peut-être un jour, votre PDG.

B ☐ Gagner enfin à l'EuroMillions pour ne plus jamais travailler.

C ☐ Élire domicile sur cette île déserte que vous avez repérée, loin des (autres) humains.

D ☐ Au bout du multivers, sorte d'univers virtuel où les chiens mangent des e-croquettes, ne se salissent pas et ne sont jamais malades.

Résultats

Une majorité de A

VOUS ÊTES UN CHIEN DE BERGER OU DE CHASSE

Votre chien miroir Le berger australien, le berger allemand, le border collie, le golden ou le labrador

Gros bosseur, vous abordez la vie comme un ensemble de tâches à accomplir pour contenter vos proches, votre boss et vous-même. Les seuls collègues qui trouvent grâce à vos yeux : les terriers, ils sont tellement obsessionnels… Les vacances ? Vous en prendrez l'année prochaine. Légèrement hyperactif, vous trouvez toujours une activité à tester. Pour combler le vide ? Non, tout de même pas. Sportif dans l'âme, on vous croise au détour d'un chemin de rando ou à la sortie d'une salle de sport cool.

Une majorité de B

VOUS ÊTES UN PETIT CHIEN DE COMPAGNIE

Votre chien miroir Le bouledogue français, le chihuahua, le spitz nain ou le shih tzu

Quand on vous décrit, on pense d'abord à vos qualités humaines. Car, soyons lucides, concrètement, vous êtes inutile. Heureusement, votre gentillesse et votre mignonnerie sont légendaires, même si vous avez un peu trop tendance à monopoliser l'attention. Perdre sa vie à la gagner ? Très peu pour vous. Vous préférez vous faire un bon gueuleton et une bonne sieste. Vous travaillez probablement dans la communication, les médias ou vous êtes un influenceur plus ou moins reconnu.

Une majorité de C

VOUS ÊTES UN CHIEN PRIMITIF

Votre chien miroir Le shiba, le husky, l'akita, le samoyède ou le basenji

Vous vous la pétez, si si, avouez-le. Du bout de votre petit museau, vous snobez la plèbe. Distinction, élégance... Il faut dire que vous avez une allure incroyable. Ok, mais gardez tout de même les pieds sur terre, vous pourriez aussi avoir besoin des autres, comme un bichon maltais, pour arrondir vos angles et... trouver le bonheur, tout simplement. On vous croise avec des New Balance dernier modèle et une doudoune Patagonia.

Une majorité de D

VOUS ÊTES UN *DESIGNER DOG*

Votre chien miroir Le labradoodle, le cockapoo, le pomsky ou le yorkipoo

Les hommes viennent de Mars et les femmes de Vénus mais vous, on ne sait pas trop, du coup... Vous êtes atypique, ça vous le savez déjà, mais vous avez aussi de grandes qualités. Par exemple, votre exigence et votre raffinement vous valent des regards admiratifs de vos proches. Par ailleurs, comme vos congénères canins issus de croisements avec le caniche, il est probable que vous soyez hypoallergénique. Attention cependant à l'excès de confiance, sinon vous pourriez finir par ressembler à... un shiba.

remerciements

À **Jean-Laurent Cassely**, sans qui ce projet n'aurait jamais eu la même envergure. Son soutien, son amitié, sa vision, et la fusion de nos deux univers ont fait éclore cet objet unique, singulier et inattendu.

À **mon incroyable équipe**, car même si l'écriture est un processus solitaire, j'ai eu la chance d'embarquer avec moi des cadors. Ils ont cru en cette idée incongrue et y ont apporté chacun un bout de leur univers. J'ai une gratitude infinie envers chacune et chacun d'entre eux d'avoir mis leur talent au service de mon idée folle.
Ils se sont tous et toutes surpassés et le résultat a dépassé mes espérances. Toutoute power !

Je pense évidemment aux équipes des éditions Fayard : à **Isabelle Saporta** qui a parié sur cet ovni éditorial, à ses successeurs qui l'ont soutenu sans faille.
À **Margaux Russo**, qui a immédiatement compris l'univers atypique de ce projet et l'a porté du début jusqu'à la fin avec enthousiasme. Je pense que la négociation des notes de frais pour un toutour du monde restera gravée dans sa mémoire à tout jamais. À **Marion Salort** et à **Fabrice Haes**, qui se sont dépassés pour proposer un objet magnifique et un univers créatif formidable. À **Mathieu Garnier** qui, au côté de Jlo, est allé chercher des données jamais vues.
À **Sébastien Vincent** qui est venu se greffer par amour des toutous à ce livre.

Impossible d'énumérer ici tous les chiens mignons que j'ai rencontrés lors de mon toutour du monde, mais je connais les chiens, je sais qu'ils ne m'en tiendront pas rigueur.

Si cet ouvrage est devenu aussi un récit photo, c'est grâce à lui. Je le remercie aussi pour son soutien inconditionnel tout au long de ce projet. À **Manon Prost**, qui m'avait aidée il y a deux ans à poser les premières briques créatives de mon projet. On lui doit l'espiègle logo Toutoute qui parsème les pages de ce livre. À **Roman Jehanno**, qui m'a accompagnée dans mes premières interviews. Merci aux fondateurs de la boutique Barkers and Brothers de nous avoir accueillis pour le shooting !

Tous mes remerciements à messieurs **Pierre Buisson** de la société I-Cad et **Alexandre Balzer** de la Société centrale canine ainsi qu'à leurs équipes. Ils ont compris l'importance de ce projet et m'ont confié leurs données incroyables, encore jamais exploitées de cette manière. Leur éclairage a été une aide précieuse dans la compréhension du monde des chiens.

À toutes les personnes expertes, et qui apparaissent dans ce livre, et aussi à toutes celles, nombreuses, qui n'apparaissent pas. Elles ont toutes contribué à la qualité de cet ouvrage. Je pense notamment à **Isabelle Autran**, **Raúl Valadez**, **Arielle Moreau**, **Audrey Jougla**, **Hélène Gateau**, **Ovidie**, **Christophe Blanchard**, **David Abiker**, **Graziella Dode**, **Jackie Idimogu**, **Sébastien Lefebvre**, **Tony Silvestre**, **Romaric Pagot**, **Vincent Manilève**, **Johnny Shin** et bien d'autres que j'oublie.

Je remercie tous les chiens et leurs *dog parents*, à Paris, Los Angeles, New York, Mexico, Chihuahua, Bangalore et Séoul, qui ont pris le temps de me parler et qui m'ont fait suffisamment confiance pour me livrer une part de leur intimité. J'en profite au passage pour remercier ma sœur **Sabrina** pour m'avoir connectée aux *dog parents* de L.A., à **Andrès Alejandro Herran** pour ceux de Mexico, à **Jackie** à New York, à **Côme Bastin** et à **Ada** en Inde, à **Kylie** à Séoul.

Impossible d'énumérer ici tous les chiens mignons que j'ai rencontrés lors de mon toutour du monde, mais je connais les chiens, je sais qu'ils ne m'en tiendront pas rigueur.

Je remercie chaleureusement **Christele** qui a promené Toutoute avec enthousiasme et dévouement, à l'ensemble des équipes vétérinaires de Paris sans qui Toutoute n'aurait pas réussi à évacuer les nombreux fils de toutes sortes (mais surtout électriques) qu'elle a mangés, ni à surmonter les nombreuses maladies contractées en léchouillant des choses dans la rue, sans oublier sa hernie opérée avec succès.

Je remercie évidemment ma famille et mes amis pour leur infini soutien. **Ariane**, **Marie**, **Lolo**, **Claire**, **Steph**, **Amandine**, **Lola**, **Fifi**, **Sandra**, **Julie**, **Maria José**, **Côme**, et tous les autres qui se reconnaîtront.

Enfin, je ne voudrais pas faire ma Kanye West, mais je voudrais aussi me remercier d'avoir cru si fort en ce projet qui a failli se faire, puis non, puis oui, puis non, puis oui ! Malgré les obstacles, les difficultés, les imprévus, quelle incroyable aventure !

La Toutoute team

Cheffes de meute

Mylène Bertaux

auteure et cerveau de l'histoire

L'avis de l'équipe : journaliste survoltée, elle a l'énergie d'un staffie, l'instinct créatif d'un chien primitif, l'inspiration délirante d'un labradoodle, le besoin d'attention d'un loulou de Poméranie et le temps de sommeil d'un Frenchie. Toutoute est l'aboutissement de son univers unique et joyeux.

Toutoute

chien de support émotionnel

Cette petite bouledogue française de 2 ans a orchestré machiavéliquement toute cette enquête grâce à sa bouille adorable et à son énergie débordante.

Édition et contenu

Margaux Russo
Éditrice en chef golden retriever

Elle mène et accompagne l'équipe avec une rigueur et un enthousiasme sans faille.

Marion Salort
Éditrice border collie

Elle coordonne, relit les textes et piste les corrections qui auraient eu la fâcheuse tendance de s'écarter du troupeau.

Jean-Laurent Cassely
Conseiller éditorial saint-bernard

Il a accompagné le projet depuis le début. Tel un saint-bernard, il veille au grain du haut de sa montagne et, surtout, il dégaine sa petite fiole à idées en cas de besoin.

Mathieu Garnier
Enquêteur data terrier

Comme un chien terrier, il renifle, piste et déterre les données les mieux cachées du web.

Direction artistique et création visuelle

Fabrice Haes
Directeur artistique terre-neuve

On lui doit la formidable maquette de cet ouvrage, le tout avec la bienveillance et la fermeté d'un grand chien qui sait se faire respecter !

Sébastien Vincent
Photographe boston terrier

Habituellement, il shoote Ryan Gosling sur La Croisette pendant le Festival de Cannes. Un signe avant-coureur que la prochaine Palm Dog est destinée à Toutoute ? Son toutou totem : le boston terrier comme sa chienne Lucette.

Manon Prost
Graphiste lévrier

Transpose les idées folles avec élégance et finesse. Le logo Toutoute, c'est elle !

PAPIER CERTIFIÉ

Achevé d'imprimer en France par Chirat, 42540 Saint-Just-la-Pendue
pour les éditions Fayard, 13 rue du Montparnasse, 75006 Paris
64.6975.6/01

Dépôt légal : octobre 2024
ISBN : 978-2-213-72728-8